打 动

MOVE
THE
ROOM

全 场

[加] 高杰里 著

胡敏
译

花山文艺出版社

河北·石家庄

图书在版编目（CIP）数据

打动全场 ／（加）高杰里著；胡敏译. -- 石家庄：
花山文艺出版社，2023.10
书名原文：Move the Room: Seven Secrets of
Extraordinary Speakers
ISBN 978-7-5511-6791-8

Ⅰ. ①打… Ⅱ. ①高… ②胡… Ⅲ. ①演讲—语言艺
术 Ⅳ. ①H019

中国国家版本馆CIP数据核字 (2023) 第105698号

河北省版权局登记冀图登字：03-2023-127号

Copyright © 2021 by Trevor Currie
Published by arrangement with Transatlantic Literary
Agency Inc., through The Grayhawk Agency Ltd.

书　　名：**打动全场**
　　　　　Dadong Quanchang
著　　者：（加）高杰里
译　　者：胡　敏
责任编辑：梁东方
责任校对：李　伟
装帧设计：Yuutarou　任尚洁
美术编辑：王爱芹
出版发行：花山文艺出版社（邮政编码：050061）
　　　　　（河北省石家庄市友谊北大街 330号）
销售热线：0311-88643299/96/17
印　　刷：凯德印刷（天津）有限公司
经　　销：新华书店
开　　本：710毫米×1000毫米　1/16
印　　张：13.75
字　　数：152千字
版　　次：2023年10月第1版
　　　　　2023年10月第1次印刷
书　　号：ISBN 978-7-5511-6791-8
定　　价：59.80元

名家点评

这本书将改变你发表演讲、达成交易或激励团队的方式。即使是最老练、最有影响力的公众演说家，也会在高杰里这本有见地的书里发现一些全新、实用的方法。

——**丹尼尔·平克**（《纽约时报》畅销书《时机管理》《驱动力》和《全新销售：说服他人，从改变自己开始》的作者）

《打动全场》是一本非常实用的书，适合那些想在大大小小的场合劝导或激励他人的演讲者阅读。这本书基于对演讲者和听众的敏锐观察，并将其转化为人人皆可使用的实用建议。

——**奈杰尔·赖特**（Onex公司高级常务董事、前加拿大总理办公室主任）

我见过高杰里把胆小、怯懦的演讲者教导得出类拔萃的全过程。这本书分解了具体的操作步骤，不搞噱头，也不玩花招儿。作者对演讲高手和演讲本身进行了系统分析——对所有渴望能面对大小场合以及游刃有余地发表演讲的人来说，这是一份难得的礼物。

——**乔恩·拉克斯**（脸书虚拟现实研究实验室产品设计副总裁）

《打动全场》结合实用的见解和生活中的真实案例，说明演讲如何成为力量倍增器，推动人们实现更多的目标。高杰里才思敏捷，妙语连珠，向我们证明了有效演讲是众多领导者成功的关键。

——邓肯·L.辛克莱（加拿大和智利德勤会计师事务所主席）

高杰里在他的新书《打动全场》中完成了不可能成功之事。这本书提供了聪明、实用的方法和见解，无论对于发表精彩绝伦、令人难忘的主题演讲，还是自信地完成交易或仅仅是激励你的团队，这些方法和见解都至关重要。

——道格·墨菲（克鲁斯娱乐公司首席执行官）

即使是最不自信的演讲者，高杰里也能凭借多年的咨询经验和对众多世界知名演讲者的深入分析，教会他如何掌控舞台。对有抱负、有经验的专业人士来说，这本书同样不可错过。

——卡梅伦·福勒（蒙特利尔银行金融集团首席战略和运营官）

《打动全场》是有效沟通的必读指南，作者用催人奋进的真实案例揭开了讲故事艺术的神秘面纱。如果你渴望凭借自信和影响力来获得认可，高杰里的这本书将彻底改变听众对你和你所持观点的看法。

——山下美代（玛嘉烈公主癌症基金会主席兼首席执行官）

《打动全场》一书中随处可见实用的建议和发人深省的案例，通俗易懂，值得一读。它为提高你的演讲能力、提升你的公众形象提供了实用的方法。

——**斯蒂芬妮·威尔逊**（布雷克、卡塞尔斯和格雷顿律师事务所首席客户关系和营销官）

如果能从一本商业书中找到一条有价值的建议，那么这本书就很值得一看。看《打动全场》时，我发现自己不停地在说："太棒了。"和看其他商业书不同的是，你会一直想看下去，因为书里提供的策略见效很快，并且打上了高杰里友好、机智的烙印。如果你想学习提高演讲能力和领导力的技巧，这本书将帮助你锻炼技能、树立信心。

——**艾莉森·梁**（加拿大电商服务平台Shopify营销主管）

《打动全场》既提供实用的建议又启发灵感，帮助你成为公众演讲的高手，在专业人群中脱颖而出。高杰里一直致力于指导高水平的演讲者，这本书将成为偶尔在特定场合才演讲的普通人乃至经验丰富的演说家的必读指南。

——**戴维·莫根施特恩**（埃森哲咨询公司高级常务董事）

我亲眼看到了那些得到高杰里指导的演讲者身上发生的蜕变。通过学习如何自信、清晰、有说服力地有效传达信息，他们都成功地将自己的演讲技巧提升到了新的高度。世界各地的领导者和具备影响力的人，都可以通过这本书见识高杰里的卓越见解和实用方法。这是他职业生涯的转折点！

——黛博拉·M.达芬（德瑞律师事务所首席专业资源官）

《打动全场》中到处都是真实的案例和可操作的要点，适合任何需要为打动听众采取行动的人。如果你的工作就是影响他人，那么《打动全场》会带给你与众不同的优势。

——约翰·沃瑞劳（价值构建系统创始人、《随时卖掉你的公司》《用户思维：零起步，引爆细分市场》和《销售业务的艺术》等书的作者）

《打动全场》一书中深刻的见解和可靠的策略彻底打消了人们对公众演讲的恐惧。它让你能够有底气针对某些可能会让你受到攻击的话题发表演讲。我们深知，这是与他人建立起真实可靠、鼓舞人心的联系的关键。

——杰夫·戴维斯（加拿大安大略省教师养老金计划首席法律和公司事务官）

这本书给了你通往成功的钥匙——既有有效沟通的方法，又有震撼且实用的案例。

——布鲁斯·塞勒尔（畅销书作者、加拿大广播公司财经专栏作家）

献给梁善文、埃文和李雷（音译）

序言
演讲是力量倍增器

——————

一个活动策划人邀请布琳·布朗博士在某会议上演讲，对她说："我担心的是，如果我称你为研究人员，很可能会没人来，因为他们会认为你很无趣，说的话也无关痛痒。"谁都不希望被当成无趣的人，也不希望说的话被人当成废话。布朗博士并不是知名演说家，所以活动策划人一直在苦苦思索，该如何介绍她才能引起听众的兴趣。

"我喜欢听你演讲是因为你很会讲故事，所以我想，应该把你定位成一个故事讲述者。"策划人说。布朗博士随即承认，故事讲述者这个定位让她心里没底，因为她明明是从事研究工作的。经过一番思考，她想出了一个折中的办法。她说："我是一名定性研员，搜集故事是我的工作。要不你干脆说我是做研究兼讲故事的？"

"哈哈，没有这样的说法。"策划人不赞同这个主意。

在这场如何给自己定位的谈话中，布朗博士或许没有获胜，但要说她在美国休斯敦演讲时赢得了听众的青睐，接着讲述了这个故事，又实在是太过轻描淡写。当时，她穿着宽松的棕色衬衣和黑色牛仔裤，戴着金耳环，讲着跟研究有关的故事，打动了全场！

她在演讲中提到的有些故事与她的个人经历有关。她承认自己一度精神崩溃，被逼无奈地向她的心理治疗师朋友求救，结果朋友对她说："我可不想当你的治疗师。"这种自嘲与幽默贯穿于她的演讲始终。她吸引着你，让你放下防备，试着以不同的方式看待自己和他人。

"我告诉在场的500位听众，我一度崩溃过。我放了一张幻灯片，上面写着'崩溃'两个字。我是什么时候觉得这个办法还不错的呢？"休斯敦的那场演讲结束后，她对一个朋友说，"那场演讲被放到视频网站上——是听过演讲的人上传的。这下好了，听众增加到了60多万人。"她开玩笑说，若是能料到会发生这样的事，她一定会出手阻拦，赶在视频发布前将其删除。

休斯敦的那次演讲成了布朗博士职业生涯的一个重要转折点，不过她担心的情况并没有发生。10年间，这个视频被播放了6000多万次。本是休斯敦大学研究员的她摇身一变，成了畅销书作家，有5本书荣登《纽约时报》畅销书排行榜榜首。她还是奥普拉主持的节目《超级灵魂星期天》的嘉宾。现在，她演讲的出场费高达6位数，每年要做25到50场演讲。她还为皮克斯动画工作室、IBM公司和西雅图海鹰队提供关于领导力的指导，影响力覆盖数百万人，其中包括梅琳达·盖茨和一些好莱坞大腕儿。2019年4月，网飞为她的演讲"唤起勇气"拍摄了影片并在全球分享，这对任何研究人员来说都是头一遭。2020年全球新冠肺炎疫情流行伊始，她成为《60分钟》节目的特邀嘉宾，负责安抚恐慌的美国民众。作为研究人员，其影响力不容小觑。

布朗博士发表演讲后的科研水平比演讲前好吗？并没有。但是，发表演讲后，她的工作得到了更多人的认可和尊重。演讲之后形象大为改观的情况并非布朗博士独有——变化之大或许是独一无二的，但根本现象并非如此。

演讲是力量倍增器。你越擅长演讲，别人就越看重你和你的能力，你也就越受欢迎。将演讲技能与其他技能结合起来，你在自己擅长的领域乃至更大的领域的影响力都将成倍递增。

"力量倍增器"一词源于军事领域。它指的是一个因素，能让你在有它的时候比没有它的时候做得更好。夜视镜就是一种力量倍增器，有了它，军队的作战能力能提升10倍。

对布朗博士来说，演讲就是力量倍增器。她的经历并不是特例。2004年，一位履新两年的参议员在美国波士顿的一次会议上发表了演讲。演讲之前，他在伊利诺伊州之外几乎没有知名度；演讲之后，数千万人认识了他。演讲也是巴拉克·奥巴马的力量倍增器，帮助他成为领导者。我们一次又一次地见证了非专业演讲者的巨大影响力，他们有什么不同吗？

布朗博士和奥巴马的共同点是，演讲的内容引人入胜，在演讲过程中能够把控全场。他们让你觉得他们是在和你面对面地交流，并且他们打动了你。这种效果是罕见的、宝贵的，也是强有力的。

如果想打动全场——例如想激励团队、振奋人心、启发见解——你需要有强有力的内容，而且你必须在演讲的时候做到把控全场。强有力的演讲将提升你的领导力，帮助你"在宇宙中留下痕迹"。我将在本书中指导你如何实践强有力的演讲。

一次成功的演讲是一个小小的奇迹——人们听完之后对世界的看法会有所改变。

——克里斯·安德森（TED策划人）

平庸的演讲者比比皆是，优秀者实属凤毛麟角。不过，要想从众多演讲者中脱颖而出并大放异彩也不是很难。你只需要把几件事做得稍稍出彩、完善一点儿即可。在接下来的章节中，我会把实际操作的方法倾囊相赠，保证让你面对任何听众都能做到有效演讲。具体方法涉及准备工作、搭建演讲框架，以及用引人入胜、令人信服的方式与听众互动等。有了这些方法，你就会越成功越自信，越自信越成功。

这些理念和方法，将通过TED舞台上或企业最高管理层的演讲高手们给人启迪、让人振奋的演讲——呈现。TED演讲者往往是某方面问题的专家，他们向没有相关技术背景却对新事物有很强理解能力的听众讲述本专业的知识和技能。换句话说，这些听众与我的大多数客户非常相似，也可能与你相似。

人们喜欢听TED演讲并广泛传播。为了搞清楚其中的缘由，我从演讲内容、演讲风格和演示文稿三个方面入手，对TED排名前100的演讲进行了50多项指标的分析。100强演讲的挑选依据是在TED官网和视频网站上的总播放量——这些演讲视频的在线观看次数均超过10亿次。在接下来的7个章节中，我将揭示这些顶级演讲的秘密，分析促成演讲者登顶的原因，由此揭开打破常规的方法。我会与你分享分析数据，帮助你做出更好的选择。分享数据的目的是引发思考，而不是下达指令。如果你目前的做法与最好的方法之间还有差距，那么你会从中得到启发，知道怎样缩小差距，做到打动全场。

在这本书中，我还将结合自己24年来帮助领导者准备高风险会谈的实例，帮助你提高自己的能力。这些技巧都有学术研究的支持，让你有信心以基于研究的方法取得进步。

进步的回报是真实的，而且不难实现。我有一位客户是一家全球专业服务公司的领导，他说自己的演讲水平提升后，别人对他的看法也随之改变了。

台上20分钟，台下20年功

"我听你演讲20年了，可我从来没有见过你那样演讲。听得我脖子后面的汗毛都立起来了，而且动都没动。我可是很挑剔的，你这次演讲真是了不得啊！"这是马特奥走下加拿大温哥华费尔蒙特酒店的舞台后听到的话。当时，他领导的专业服务公司正在该酒店举办全球派对。

马特奥是那种会强迫人们公开对他表达爱意的领导。他会全神贯注地听你说话，那种专注的神情非常难得，是我们都渴望但似乎从未得到过的。他记得你对他说过的话，有的与专业有关（例如公司应该追逐某个细分市场的原因），有的涉及私人话题（例如你配偶的名字、你几十年前演奏过的乐器）。他从不提自己毕业于哈佛大学的事，却总喜欢拿自己的缺点开涮，例如"你可别指望我能在球场上运球，投篮就更别想了"。

马特奥确实应该受人爱戴。不过，在温哥华的那次演讲之前，他作为演讲者并不受青睐。那次演讲之后，如果你去他的公司找来十几个人，让他们说出一个本行业给人留下深刻印象、能鼓舞人心的演讲者（这种事我做过很多年），你会发现他的名字被提到的次数最多。他打动了听众，演讲能力提高了，也改变了其他人对他的领导能力的看法。正如他对我说的："成为更优秀的演讲者，这改变了我，也赋予了我力量。"

马特奥还表示：

在一群人面前有效演讲会产生一种光环效应，因为很少有人能做到有效演讲。我发现人们会从这种能力出发，进行推导，得出这个人也有能力做好其他事情的假想结论。因为我能在一大群人面前完成演讲，还不会当众出丑，所以，他们就会认为我也能以同样的方式成功地处理工作上的其他事情。但是，他们不会因为我写了一篇极有说服力、分析到位的文章而得出这样的结论（如果我能写得出来）。尽管像童话故事里那位没有穿衣服的皇帝一样，真相迟早会被揭穿，但在那之前，得到这样的待遇还是很让人受用的。

专业知识不是一朝一夕学会的，靠的是几年甚至几十年的积累。而如果你的演讲能打动全场听众，只要花几分钟，就能刷新你对自己的认知，也会改变别人对你的成见。

专家悖论

许多演讲者的努力都被他们辛辛苦苦建立的东西挫败了，那样东西就是专业知识——也正是它把他们带上了舞台。

南希告诉我，20世纪90年代末，一个听众听了一个同行的演讲后，在反馈表上写道："若是以前，我会考虑找你们公司合作，但现在你们已经不在我的考虑范围内了。"其他人没有写反馈，因为他们还没听完演讲就提前退场了。究竟是哪里出了问题呢？

这场惨淡收尾的演讲源于一个普通的请求。"我多年来一直努力积累专业知识。我想提高在市场上的知名度，为我们公司多拉一些客户。你能帮我办一场燃爆全场的活动吗？"南希是一家大型咨询公司的营销主管，每周都会收到希望提高知名度的合作伙伴提交的这类请求。她和她的团队在市中心订了一个宴会厅，活动当天，座无虚席，来的都是对方潜在的重要客户——带着疑难问题前来寻找实际解决方案的大企业负责人。该公司的横幅高高地挂在演讲台上方，餐饮订好了，摄像人员请好了，舞台也准备就绪了，就等专家出场，为听众呈现一场精彩绝伦的演讲。

然而，这位专家成了专家悖论的牺牲品。

人们参加这场活动是为了向专家取经，专家的专业知识却成了横亘于他与听众之间、造成沟通不畅的最大障碍——他只是念幻灯片上列出的要点，一个接一个地念下去。他过度依赖幻灯片，呈现了过多的专业内容。

他的演讲充斥着抽象的技术理论，45分钟讲的全是枯燥乏味的细节。而且，演讲的时候，他的语音、语调毫无变化。他还当众念起了基本定义——一些你以为他会一边开挖掘机一边喋喋不休的专业术语。[1]他甚至在念自己名字的时候都表现得好像根本不认识自己似的。

"我们不打算再办下一场活动了，除非演讲者答应接受培训，否则不值得我们公司搭上资源和声誉。"南希打来电话寻求安慰，顺便让我帮她想个更好的办法。于是，我的生意就这样开张了，南希成了我的第一个大客户。从那以后，我每年都和她的公司合作。

专家悖论无处不在。"考虑所有的可能性会让你成为出色的实践者，而谈论所有的可能性会让你成为糟糕的演讲者。"马库斯·科恩如是说。在被任命为加拿大安大略省高级法院法官之前，他有29年复杂商业诉讼的经验。专家们很容易陷入这种悖论。无论是在科技、税务、管理咨询、法律、广告还是金融领域，无一例外。

陪审员如何评估专家证人的可信度？研究表明，最重要的因素不是他们获得了几个学位，不是授予他们学位的是哪个学校，也不是架在他们鼻梁上彰显勤奋刻苦的眼镜，而是清晰易懂的表达。如果你是专家，你就应该能够把情况解释清楚。几十年来，人们通过上学、当学徒和参加在职培训积累专业知识，可大多数人用来学习清楚表达专业知识的时间只有短短的几分钟。

下一步就是合理利用时间。做到这一点，你将走出专家悖论的泥沼，成为获得听众认可的专家。你的影响力将大幅提升，你的演讲也将打动全场。

---

1 用开挖掘机这种非常需要专业技术的工作来比喻这位专家的表达过于专业，难以理解。——编者注

目录

1

缩小目标范围
——不要面面俱到

"我那时候马上就要升大二了，助学贷款越欠越多，都快把我愁坏了。如果你想凭借仅有的一点儿技能尽量多赚点儿钱，你会去做什么工作？"瑞安问我。

"我不知道——去工地搬砖？"我猜测道。

"是做销售。我在鞋类零售店找到了一份工作。我就是在那儿意识到缩小目标范围有多重要的。"

瑞安性格外向，做事情有冲劲儿，又比较争强好胜。他在一家鞋类零售店找到了一份拿佣金的销售工作。那家店要求销售人员统一穿合成纤维做的裁判球衣。"我记得去那儿上班之前，我对女朋友凯蒂说：'我要成为最优秀的销售。'第一个星期我卖出了多少双鞋呢？一双都没卖出去。我简直无地自容。但我决心已定，于是向最有经验的销售代表请教。"

瑞安告诉我，他误解了那位销售代表和她的销售能力。她和瑞安不一样，既没有运动员的体格，也没有小团体头目的感召力，但她很聪明。瑞安很走运，她很大方地说出了自己的建议。她对瑞安说："你恨不得把整面墙的鞋子都卖出去，这种心态会让你连基础薪水都拿不到。"

"对，我不想过穷日子。拜托，多教我点儿秘诀吧。"他回答道。

"我在店里观察过你。你和顾客简单聊了几句就进了库房，出来时捧着垒成高塔的鞋盒。"

他摇摇头，说道："我想起来了。顾客花半小时把所有鞋子都试了个遍，却一双也没买，而我又得花15分钟把纸团塞回鞋里，然后把鞋子放回库房。我实话实说吧，我以前觉得你很会偷懒。"他解释说，他留意到她不会从库房拿很多双鞋子出来。

"从来不会超过3双。"她说。

"你怎么知道该拿哪3双呢？"

"这就需要你去问顾客几个关键的问题，缩小目标范围。例如你可以问他们：'您打算挑选什么场合穿的鞋子呢？''您有什么品牌偏好吗？''您的预算是多少？'"她顿了顿，给瑞安一点儿时间消化，接着说道，"等你得到了这些问题的答案，你就有信心为顾客挑选合适的鞋子了。"

她解释说，知道该拿出哪些合适的鞋子，就成功了一半；剩下的一半是把话说到点子上，我们稍后再讨论这一点。

瑞安学得很快。没过多久，他就成了销售冠军，这个头衔他一直保持到暑期结束时。他的顾客有70%的概率会买一双鞋子，5%的概率会买两双鞋子——这比他妄想卖掉整面墙的鞋子时的业绩要好得多。

这件事反映出的问题其实与卖鞋无关。问题的关键是，要先搞清楚对听众来说什么才是重要的，在此基础上战略性地选择正确的观点，再向听众输出。大学毕业后，瑞安入职了一家年营业收入达500万美元的公司。5年后，这个数字增长到了3亿美元。几年后，瑞安成了一家顶级癌症研究医院的专业筹款人，很快就晋升为首席筹款人。缩小目标范围的策略适用于所有领域，例如政治领域、儿科领域和知识产权领域。

口头交流是低效的沟通方式。很多专业人士都有恨不得把整面墙的鞋子都卖出去的心态，无论是在舞台上、会议室里还是视频电话中都表现得急于求成。抱着这样的心态注定会失败。书、白纸、记事簿等媒介很适合大量输出信息，但演讲不行。听众最不想听到的就是有人用一成不变的语调给他们宣读论文。还是别在舞台上惹人讨厌为好。

做一个惹人厌烦的人的秘诀就是告诉别人一切。

——伏尔泰

演讲的优势体现在，能将听众的注意力集中在与他们的迫切需求相关的最重要的观点上。如果你把演讲当作样品展示，只向听众输出一小部分观点，那么他们就会有兴趣去挖掘你更多的想法和能力。

丹尼尔·平克的惊人真相

丹尼尔·平克精通"缩小术"——他知道如何缩小目标范围，也就是说，如何建立需求。

如何激发出创造性的解决方案？这个问题非常重要，而平克知道答案。从工业时代进入信息时代，专业人士越来越重视用右脑思考，创造性地解决问题。如果能引领更多的人在这方面做得越来越好，我们就能迎接一个更加繁荣和可持续发展的未来。

平克耗时数年，对动机进行研究，并将研究成果写进了畅销书《驱动力》中。他总结了三大核心激励要素——自主、专精和目标。2009年，平克在以该书为依托的TED演讲《关于动机的迷思》中指出："科学知识和商业行为之间有一条鸿沟。"

平克在台上照本宣科了吗？并没有。他曾经是美国前副总统艾伯特·戈尔的首席演讲稿撰写人，他的知识广度与深度当然超出了那本书的范畴。他在演讲时把上述三大激励要素都展开说了吗？没有。他只说了其中一个——自主。

平克举了几个富有启发性的例子来解释什么是自主。他解释说，如果人们有选择解决什么问题的自由，就会萌生伟大的想法。谷歌的工程师可以用五分之一的时间做他们想做的任何事情。他们可以自由地分配自己的时间，创建自己的团队，寻找解决难题的方法。谷歌大约有一半的新产品就是在这五分之一的自主时间里研发出来的，其中包括谷歌邮箱和谷歌新闻。

平克又通过几个补充案例告诉我们，如果你给员工自主的机会，他们的生产力、工作投入度和满意度都会提升，流动率则会降低。

"在座的某些人可能会听着这个案例，然后说：'嗯，听起来不错，就是太理想化了。'"平克说道。他很了解听众，深谙他们内心的想法。对此他早有准备，并抛出了下一个观点来解决这个问题。他穿着宽松的牛仔裤和淡紫色的正装衬衫，举手投足间把科学知识和商业行为的区别生动地展现了出来。"20世纪90年代中期，微软开始开发Encarta百科全书。他们采取了所有正确的激励措施，雇用专业人士撰写和编辑了数千篇文章，支付丰厚的薪酬安排经理监管整个运作流程，确保项目在预算内按时完成。"

他将这种编写模式与几年后兴起的另一种模式进行了对比。后一种模式无须支付报酬，参与者纯粹为了好玩才编写百科全书，它就是维基百科。

平克秉持赞成发自内心、自我导向的激励因素的观点，在总结陈词时对那些倾向左脑思考的听众说："如果在10年前，你随便去哪儿找个经济学家，对他说：'我有两种不同的撰写百科全书的模式，如果它们一较高下，哪个更胜一筹呢？'就算你把地球翻遍了，也绝对没有一个清醒的经济学家能够预知维基百科的编写模式。"

维基百科是世界上最受欢迎的网站之一，每个月页面浏览量超过180亿次。Encarta百科全书呢？很多人从来没听说过——它在2009年底就关闭了。我是怎么知道这些的？当然是浏览维基百科知道的。

我们很难不被平克的观点吸引、打动。登录网站TED.com，他的演讲视频下面就有《驱动力》的购买链接。我怀疑在看过演讲的几千万人中，许多人就是因为喜欢他在演讲时透露的那部分内容，才点击链接购买这本书的。我就是因为喜欢他的演讲才买的,我很庆幸自己买了这本书。

通过演讲表达观点。

转变策略

平克缩小了目标范围,建立了需求。要做到这一点,首先要问对问题。

在启动准备工作之前,演讲者经常会问一个听起来还不错的问题:"我想说什么?"但这不是一个好问题。你应该反过来问:"我的听众想听什么?"这种策略上的重新定位,有助于你找到听众的需求和你必须帮助他们的想法之间的联系。

有时候,你在准备演讲时就确定了主题,有些时候则不会。不管怎样,重要的是转变策略——首先要考虑听众的需求。我们来探讨几个问题,帮助你自信地缩小目标范围。

假设合理VS客观有价值

"为什么你们要在演讲中浪费五分之二的时间去讲跟听众无关的内容呢?"我问我的5位客户,他们当时正在对业界人士发表演讲,主题是商业地产交易中的合资企业结构。

"一共有5种结构,我们有5个人,所以我们想,应该把时间划分一下，这样每个人可以用10分钟来讲其中一种结构。"他们说道。

"但你们说过，这5种结构中有2种几乎从未使用过，而你们的业务受众想要的是实际的解决方案，对吗？"我回应道。

"没错，可我们就是想让他们知道，我们知道有这5种结构。"他们说。这就是被专家悖论坑害的表现。

"用幻灯片快速显示这5种结构就可以了。再解释一下底部的2种结构很少使用，所以今天就不展开讨论了。"我提出了建议，还鼓励他们告诉客户特殊情况要特殊处理。

所以，要缩小目标范围，可以问问自己：来听我演讲的人有什么商业目标或职业目标？这些都是人们会公开谈论的理性需求。以我的客户为例，他们的听众想要的是切实可行的解决方案，以高效地完成交易，避免不必要的税收。

只要精简演讲的重点，演讲者就会重新分配演讲词，把原本花在不相干内容上的时间节省下来，用于讲述从亲身经历中提取的有启发性的案例，从而使相关结构变得生动起来。如此一来，听演讲的人给出的反馈就会是："非常吸引人，非常有帮助。我很高兴我来对了。"

来听我演讲的人，他们的商业目标或职业目标是什么？

清晰到让人敬畏

"我有一个才华横溢的团队。可是，他们中有很多人在演讲时会被棘手的问题缠住，迷失在思维的虫洞中。"来自硅谷的客户向我诉苦道。我们可能都会"当局者迷"，很难将我们热衷的东西和听众真正关心的东西区分开来。史蒂夫和乔安娜面临着类似的挑战。他们发现，解决的途径是提出一些能缩小目标范围的问题。

史蒂夫和乔安娜对北美的餐饮业进行了一项研究，并精心撰写报告，阐述了研究结果。下一步该做什么？当然是公开研究结果。在这个阶段，许多人都会犯一个错误，那就是把整个研究过程和盘托出——公开研究过程中出现的每一个问题和每一个应对措施，甚至包括每一张精心绘制的图表。而史蒂夫和乔安娜没有这么做。

如果说科技行业是兔子，那么餐饮业就是乌龟。餐饮业不是滋生颠覆性创新的温床。它面临着哪些挑战？市场已经成熟，少数零售商实力不俗，需要用高销量来弥补低利润率。这可不是一个让沙山路[1]上的风险投资家垂涎三尺的行业。

但史蒂夫和乔安娜对餐饮业非常感兴趣，很期待能公开他们对整个行业关键绩效动因的研究。他们的高明之处在于，没有披露所有的数据，而是重点把握成功的餐饮公司具备的两个关键属性。如果你在一家餐饮公司工作，听到"两个关键属性"这几个字，是不是很难不被勾起好奇心——到底是哪两个呢？

在告知听众美国大型餐饮企业收入不菲后，他们说出了第一个驱动因素——债务。大型盈利企业都是债务融资的（他们展示了债务与总资本比值的数据）。接着他们抛出了第二个驱动因素：债务被用于投资品牌、创新和收购，而不是房地产、厂房和设备（他们展示了后三者与总资本的比值）。为了更具说服力，他们举例说明了这些高盈

---

1 美国加利福尼亚州硅谷西部的一条主干道，以聚集风险投资公司而闻名。——编者注

利的大型餐饮企业是如何进行这些投资的。

结果如何呢？听众们照单全收。"这次演讲没的说。内容精彩，富有创意。恭喜乔安娜和史蒂夫，太了不起了！"他们的部门经理这样写道。这对搭档还得到了坐在台下的一家餐饮公司负责人的指点，算是给这次精彩的演讲画上了完美的句号。很多听众后来都写信询问，是否可以将这份优秀的报告发给他们的同事。

史蒂夫和乔安娜的演讲清晰地传达了这样的信息：他们理解听众面临的困境。而且，他们精简了演讲重点，只讲述了两个有数据支持的解决方案。

我的听众面临着哪些挑战？

不断变化的局势和偏见

如果一屋子的牙医都讨厌吃糖，还误以为你是个卖棉花糖的，那你就别想踏进牙医诊所半步。如何消除错误的负面偏见？约翰·沃里洛知道答案。

"听众以为我要和他们竞争，其实并不是，我是来帮助他们的。"沃里洛对我说。他是"价值构建者系统"的创始人。来听他演讲的听众是一群顾问和企业并购专家，他们的工作是帮企业主卖掉自己的公司。而"沃里洛的公司提供的产品会让他们的服务失去价值"这种想法让他们感受到了威胁。其实情况并非如此。不仅"价值构建者"没有和他们竞争，沃里洛的公司和他出的书还能为他们提供帮助。

沃里洛设计了一个方案。他在演讲的时候讲述了一些以顾问为主角的故事，这些主角和坐在台下的听众以及企业主客户的经历相似。在这些简短的故事中，沃里洛把顾问塑造成了英雄。

"许多市场研究公司都经历过典型的现金流的盛衰周期。出售产品，交付产品，再出售产品，再交付产品。这样一来，就很难管理好情绪，更不用说管理好损益表了。这是顾问的客户面临的难题。"沃里洛解释道。台下的听众意识到自己的一些客户也面临同样的问题，于是纷纷点头，表示赞同。

他讲述了这位顾问如何引导一个老板将公司的收入从在6位数上下浮动提升至稳定在9位数且持续增长的过程。"这位顾问告诉我们，她的客户说：'我以为现金流状况稳定和经营企业是不能共存的。听了你的建议，我摆脱了现金流坐过山车的窘境，对财务状况很放心，也很冷静，没想到我会有这样的心态。'"

沃里洛把他的听众从怀抱双臂的怀疑派变成了信徒，他们大量订购他写的书，并分发给客户。沃里洛赢得了听众的心，因为他预料到了他们的偏见，并解决了这个问题。偏见可以是消极的，也可以是积极的；可以是对的，也可以是错的。找出听众的偏见，准备好你的解决思路，等着大宗买家下单吧。

听众对我本人或我的产品、服务、观点有什么偏见？

调整是为了产生共鸣

如果马友友在茱莉亚学院[1]做客座演讲，他完全有把握全场的学生都知道什么是半音音阶。但如果他和我聊同样的话题，我根本无法分辨音调。所以，在演讲之前，你一定要考虑听众对你的话题掌握了多少背景知识这个问题。做到了这一点，你的演讲就会与听众关注的要点更契合。

听众具备多少背景知识？

没有时间怎么办？

你是否发现自己经常说"我没有时间……"？你渴望做更多的事情，然而，如果你像大多数人一样，可能会因为没有足够的时间而蹉跎时光，做不成对你来说很重要的事情。或者说你是这么以为的。

劳拉·凡德卡姆在TED排名前100的演讲《如何掌控你的空闲时间》中，对台下听众的想法提出了质疑，并提供了几条可以让听众多做几件重要事情的实用建议。她的演讲每年都有几百万浏览量，因为她提供的实用建议正好都说到了人们的心坎上。

内心的愿望不容小觑。它涉及归属感、荣誉观、认同感和地位等。愿望是非常个人化的东西，所以听众可能不会公开谈论它们。但他们不说，并不意味着你不应该直接或间接地考虑并解决这些问题。

在TED排名前100的演讲中，大约有四分之一的主题关乎人们内

---

1 美国著名音乐院校。——编者注

心的愿望，比如"相信自己能够进步的力量""提问的艺术"和"令人惊讶的幸福科学"等。这些主题大受欢迎并不奇怪。历史上的一些最伟大的演讲也都是鼓舞人心的，比如马丁·路德·金的《我有一个梦想》、约翰·肯尼迪的《我们选择登月》，以及温斯顿·丘吉尔的《荣光时刻》。

听众有什么愿望？

造成巨额损失的一句话

随着企业规模的扩大，其政策和程序的数量也在增加。制定政策很容易，要让人遵守却很难。如何让银行确保其员工遵守资料存储与销毁制度？我曾指导过的一位资深诉讼律师在与金融机构的内部法律顾问和首席风险官交谈时，选择了利用听众回避恐惧的心理。

"'汽车之家就是一堆废铁！'这句话让美林证券公司损失了1亿美元。"这位专门出庭辩护的律师指着幻灯片说，"这是美林证券公司的一位证券分析师在一封电子邮件中写的话，当时他发表了一篇文章，解释为什么一只垃圾股票被给予了买入评级[1]。"

律师的话引起了银行家的注意。不想被罚1亿美元就是动力。还有一个动力涉及更深层次的需求，那就是避免在公众面前丢脸——谁

---

1 通过对股票发行公司的财务潜力和治理能力进行评价，从而对有升值可能的公司股票给予适合买入程度的评级行为。——编者注

也不想像汽车之家一样，在丑闻曝光后等着上头条。[1]既然听众被说动了，想要采取行动，律师就适时提出了对策，强调文件销毁的合规性和实施的技巧。

听众害怕什么？是他们可能只会向密友透露的事情吗？

话不在多，而在精

这些年来，许多客户告诉我，他们希望自己的演讲能更简洁。有些人还会忍不住详细说明他们想要多简洁，一说就是好几分钟。缩小目标范围，有助于你删掉听众没必要了解的大量细节，还能帮你赢得更多的工作机会。

"你看看这些。"阿黛尔说着，隔着桌子推过来一沓策划书。我们坐在她的专属办公室里，里面摆放着一张会议桌。看得出来，她有很多会议要开，不应该让她浪费时间去其他会议室。此前，她就一个重要事项发出了策划请求，有5家公司做出了回应。

"你第一眼注意到的是什么？"当我翻阅策划书时，她问我。

"每份策划书都有2.5厘米厚，只有一份例外。"说着，我从那沓策划书里扒拉出一份不怎么厚的。

"那份薄一点儿的策划书是我唯一看过的。我只会看这样的策划书，其他的都是'炒冷饭'。如果我想看那些老掉牙的东西，完全可

---

1 汽车之家曾在其股票下跌的情况下，与证券公司达成利益共识，由证券分析师对股票给出不符合实际的看涨评级。——编者注

以去浏览他们的网站。"她低声嘟囔着。

**我给不了你成功的公式，但可以给你失败的公式：
试着取悦每个人。**

——赫伯特·贝亚德·斯沃普（首届普利策奖得主）

我看到她在称心如意的策划书上画了线，还折了角。"这让我想起了一句话：'如果我有更多的时间，我会给你写一封更短的信。'"我说。

"她下了功夫——只有这位供应商打来电话，跟我探讨需求建议书，询问我有什么需求。看策划书就知道她把我需要的东西都列出来了，所以我打算用她的策划案。"

合适的话要多说，绕开陈词滥调才会脱颖而出。

再次精简

缩小目标范围有2个步骤：先确定听众需要听到什么（如上所述），再考虑你的沟通目标——这是接下来要探讨的内容。

深思熟虑

有时候，客户会告诉我演讲稿已经写好了，只想让我帮忙润色。

排练之前，我总会问他们："你希望听众听了你的演讲后做什么？"最常见的回答是："嗯……我还没想过这个问题。"他们都是经验丰富的专业人士，所以，听到这样的回答，我非常惊讶。进一步思考我提出的问题后，大多数人会根据自己写的内容反向推导出答案。其实，更具策略性的方法是在构思演讲内容之前就想好怎么回答这个问题。

"聘用我"，这是常见程度排名第二的回答，仅次于上面提到的"还没想过"。这3个字我听凯文说过，之后他和我一起排练了一场关于如何处理不良并购交易的演讲。"你做过这类交易吗？"排练完，我问他。他说他做过。"是吗？还真没听出来。"我回答。

凯文仪表堂堂，身高约1.93米，往地上一站，就投下一大片阴影。他的工作是为几千亿美元的交易提供咨询服务，几十年的从业经历让他颇具自信。当时，他皱了皱眉头，额头的皱纹更深了，这表明他没听懂我的意思。

"听你的演讲，感觉你像个睿智的学者。你为什么不具体谈谈你参与过的交易呢？我建议你至少说说其中的一次交易，来证明时机或谈判策略很重要。"他按我说的去做了，效果相当不错。

演讲结束后，台下有位客户找到了他："凯文，我们合作了几十年，我还不知道你以前做过这类交易。我们正好有这样的意向，我本来打算把文件交给别的顾问。如果你愿意，还是交给你吧。"凯文当然愿意了。

如果你希望演讲后能赢得合作机会，就必须要让你的听众知道你不仅对这个主题颇有研究，还有用自己的方法帮助别人取得成功的实际经验。就算不是为了公开推销自己，某些时候你也会希望听众在听完自己的演讲之后能有所改变。在这两种情况下，深思熟虑之后再提笔写演讲稿是最省事的。

我希望听众听完演讲后做些什么？他们必须明白什么道理或了解什么知识才能受到鼓舞，去做我想让他们做的事情？

情绪杠杆

如果尝试过带领一个团队经历变革，你就会知道这项任务有多艰巨。因此，听到四大会计师事务所之一的人才负责人卢克说"变革管理很容易"的时候，我很诧异。那时，在位于加拿大多伦多市中心的爱德华国王酒店里，他的一名同事在排练，他和四五个同事在休息。他这个大胆的论调引起了我的注意。

卢克有一头浓密的灰发，红红的脸颊圆圆的，就像嘴里塞着牛排一样。"你要做的就是让现状变得不够舒适，"他说着，伸出左手，朝天空指了指，"并提出一个足够有吸引力的替代方案。"他接着说，伸出右手比画着刚才的动作，"让人们放弃当前的方案，转而去实施指定的方案。"他一边用双手在空中比画着，以示强调，一边结束了讲话。

如何鼓动人们不满足于现状？著名厨师兼食品活动家杰米·奥利弗知道怎么做。他的方法是把数据和案例结合起来。2010年2月，他荣获TED大奖，该奖项有现金奖励，每年颁发给一位具有前瞻性思维、对推动全球变革有着全新的大胆愿景的人。这次获奖让他有机会上台发表演讲。

奥利弗演讲的题目是《教每个孩子了解食物》。他踱步走向身后的电子屏幕，屏幕上的数据显示，在美国，头号"健康杀手"是与饮食相关的疾病。接着，他大步走向听众，对他们说："我们，以及我们往上数4代的人，都要祝福我们的孩子，因为他们注定没有他们的父母及祖辈活得久。"他解释说，在座各位的孩子的预期寿命之所以比他们少10年，全赖吃进嘴巴里的食物。

奥利弗卷起格子衬衫的袖子，头发向上梳，乱蓬蓬的。他的语气没有丝毫缓和。他告诉听众，整个会场里乃至整个美国，三分之二的人过度肥胖。这可不是一屋子坐飞机从世界各地赶来听演讲的人期待听到的消息。但奥利弗铁了心要发起一场食物革命，他下定决心要让这些劲头十足的听众采取行动。

光是统计数据并不能像真实的故事那样引起人们的共情。奥利弗播放了一段自己和朋友史黛西·爱德华兹谈话的视频，这场巨大的"悲剧"唤起了听众的同理心。史黛西住在美国西弗吉尼亚州亨廷顿，是两个孩子的母亲。"史黛西已经尽力了……无论是在家里还是在学校里，她都没有学过做饭。他们一家人都很胖。贾斯汀今年12岁，体重约157.5千克，他总是被欺负。我的老天啊！"奥利弗说，他的语速和步子都加快了，声音里夹杂着担忧、愤怒和坚定。与此同时，他指了指屏幕上史黛西4岁的女儿凯蒂的照片——还没上小学的她已经胖得离谱儿了。

随后，奥利弗播放了一段他和史黛西坐在她家厨房餐桌旁的视频：餐桌上摆满了他们每周都会吃的食物，有意大利香肠比萨、热狗、薯条、炸鸡、煎饼……"我希望我的孩子有成功的人生，但现在看来，他们不可能做到了。是我害了他们。"史黛西边哭边说。奥利弗把手搭在她的肩上，安慰道："你们现在的确不太好，但可以补救。"

奥利弗的使命不是说教，不是冷嘲热讽，也不是恶意贬低。他的目的是教听众有关食物的知识，延长他们的预期寿命，并鼓励肥胖家庭在家做饭。这些举措都是为了对抗肥胖。演讲结束后，全场听众起立欢呼——如果没有情绪的铺垫和主导，这一幕是不可能发生的。

要想打动听众，情绪是杠杆。奥利弗知道，如果想让人们加入自己的阵营，或者只是想邀请别人共进晚餐，都必须利用这一点。

我希望听众在听我演讲的过程中和听完之后有什么样的感受？

在任何情况下发表演讲，缩小目标范围都非常重要，线上演讲时则更加重要，因为听众更容易分心，也更容易离开。

既然你已经有信心精简演讲重点，那么是时候开始构建内容了。我将在下面的章节中对此进行介绍。

2

备好"箭筒"
——把要点装进脑海里

如果你想打动全场，就必须把控全场。会导致你失控的最常见的因素是什么？是你的笔记。你可能会忍不住把演讲稿里的所有要点都写下来，带进会场。如果感觉紧张，你会下意识地决定好好利用你的笔记——毕竟，笔记就是拿来用的。然而，正如我们从枯燥乏味的技术型演讲者身上看到的那样，他们连简单的定义，甚至自己的名字都要照着念。这种做法充满了风险。当然，问题不在于笔记本身，而在于我们如何使用它。

你是如何构建演讲内容的？你又是如何做笔记，方便自己记住演讲要点的？备好你的"箭筒"，把要点都装进去吧。

想象一下，你正骑着一匹马，一只手拿着一支箭，另一只手握着弓和缰绳，飞奔着追逐猎物。除了最优秀的骑手，这对任何人来说都是一个巨大的挑战。对普通人来说，把箭装进一个容器——也就是箭筒中，非常有用。是否有箭筒，可能会导致两种截然不同的结果——打不到猎物或者全家吃饱。你可以从"把箭装进箭筒"这个思路中得到启发，理顺你要表达的观点，轻松地把它们记在脑海里，在需要输出这些观点时，再从脑海里把它们快速搜索出来。

脑海这个"箭筒"里有许多"隔间"。下面就来看看都有哪些"隔间"，以及你可以在里面放些什么。

强势开场

在一场主题为"上市公司董事会性别多元化进展"的演讲中，你会如何开场？这是2018年春天艾莉森不得不回答的问题。她是一名营销主管，既端庄又迷人，喜欢收藏红毯"战鞋"。她自嘲不太聪明。但在谈到推动女性担任更多领导职务的话题时，她从不开玩笑。在她的带领下，公司开展了一系列研究，跟踪全美国不同行业和地区董事会性别多样性的进展情况。她将就研究报告发表演讲，并希望自己能有个强有力的开场。

"最近，我和一个朋友闲聊，他谈到在1992年一个冬日的早晨听过的一场演讲。当时，他和他在商学院的同班同学有机会去听一位女士的演讲，那位女士是加拿大最著名的一家上市公司的董事。"艾莉森对着一屋子努力奋斗的女性高管说，"在问答环节，有人问这位董事：'我们如何才能知道女性走上领导岗位的情况已经有了进展？'她不假思索地回答：'当人们不再问我作为一家上市公司的女性董事是什么感觉，而开始问我作为董事是什么感觉的时候。'"

表面上看，艾莉森的开场白似乎没什么吸引力，但实际情况正好相反。这个开场白让艾莉森开启了对话，并激起了听众的兴趣。大多数演讲者都不会以对话开场，也很少有人能一开口就吊住听众的胃口。

想一想大多数人是如何开场的。他们把演讲笔记里的几个要点草草地念一遍："谢谢你们给我这次演讲的机会；感谢你的热情介绍；我很高兴来到这里；扯一些家长里短；我有很多话要讲，所以我们现在开始吧……"这样的开场白有问题吗？没有问题。那么这样会错失强势开场的机会吗？当然会。

强势开场具有以下几个特点：能让你掌控全场（它鼓励你看着台下的听众说话，而不是盯着自己的笔记），会让听众对你的演讲产生期待，和你的演讲要达到的目的休戚相关。同时具备以上几个特点，你的开场才会充满力量。没必要讲一些令人瞠目结舌的内容来吸引眼球，虽然能做到也不错，但真的没必要。

TED100强演讲的开场采用了多种方法。以下是对这些方法的总结，可以帮助你在演讲时开个好头。

TED100强演讲的开场方式

饼状图标注：演示、大胆表态、引述、提问、比喻、讲故事还有一点很重要：强势开场的结尾要说一句承上启下的话，引出下一个部分的内容，也就是要阐明演讲的目的。以艾莉森为例，她在回答针对女性董事提出的问题时说："这种情况已经有了进展——那位女性董事现在是董事会主席。今天，我想谈谈我们的研究取得的进展、需要改进的地方，以及我们可以采取哪些措施来继续支持提高女性在董事会的地位。"

如果在开场时做好铺垫，就更容易巧妙地引出下一部分内容。你也会更清楚接下来的演讲内容——这样一来，你的引言就有了针对性——你就不太可能会想不起要说的话了。

以对话开场，把控全场，让听众对接下来的演讲内容产生兴趣。

阐明演讲目的

你必须想清楚，你演讲的主题是什么？你必须要向听众阐明你的演讲目的。

艾莉森在那次演讲时是这样陈述目的的："今天，我想谈谈我们的研究取得的进展、需要改进的地方，以及我们可以采取哪些措施来继续支持提高女性在董事会的地位。"

2007年1月9日，史蒂夫·乔布斯在旧金山的Macworld大会上介绍了苹果公司当时最具革命性的产品。其间，他告诉听众，他将介绍三款革命性的产品。他每公布一款产品，听众都报以掌声，吹起口哨，欢呼雀跃。这三款产品分别是具有触控功能的宽屏iPod、一台革命性的手机和一台突破性的互联网通信设备。"这并不是三个独立的设备。它们其实就是同一个设备，我们称之为iPhone。"台下又一次爆发了热烈的掌声，乔布斯随后宣布了他的目标："今天，苹果公司将重新发明手机，就是这一款。"

具有讽刺意味的是，正是他的发明造成了意想不到的后果，即我们需要学习如何成为更好的交谈者——记者西莱斯特·海德力强调了这一点，然后陈述了她主题为"进行更好对话的10种方法"的TED100强演讲的目的："所以，接下来我想用10分钟左右的时间教你们如何说话和如何倾听。"

阐明你的演讲目的。

核心信息

核心信息构成了一张路线图，这张路线图就是你的演讲框架——如何实现自己为演讲设定的目标。你不需要一开场就公布你的路线图，但是你必须知道它是什么。

在主题为"为什么女性领导那么少"的TED100强演讲中，雪莉·桑德伯格一开场就清楚地交代了演讲的核心信息："我今天要讲的是，如果你们真的希望女性留在职场，需要听从哪些建议？我认为有三点。第一，坐到桌子前，参与讨论。第二，让你的另一半全力支持你的工作。第三，不到万不得已，千万别离职。第一点：坐到桌子前……"

确定正确的核心信息比你想象的要难。在确定核心信息的过程中，你要做好修改，甚至推倒重写的思想准备。在陈述演讲意图的最后，问问自己"为什么"或者"怎么做"总是有好处的。这样一来，你就要先确定核心信息。

例如，我想做一场简短的演讲，鼓励你进行风帆冲浪。为什么要进行风帆冲浪呢？

1.从水面掠过的感觉令人兴奋。

2.你可以以一种全新的方式享受自然之美。

3.这项运动很有意义，因为它具有挑战性。

请注意，核心信息不要重叠。如果核心信息重叠，将会影响你的交流。例如，如果鼓励人们多和朋友一起吃饭，你可能会说出以下几个理由：能促进人际关系、培养友谊、能更好地了解对方。但这些信息是重叠的，交流起来会很混乱。

如果你的目标是说服别人，那就率先亮出最有说服力的观点。越早让听众认同你的观点，效果就越好——我真的很希望你能学风帆冲浪，如果我讲得眉飞色舞，也许就能让你踏上冲浪板。

有一种情况不能一开始就亮出最有说服力的观点——你的观点需要按照逻辑顺序解释才能让听众明白。我在我儿子所在的棒球队当了5年助理教练。在教孩子们技巧的过程中，我明白了按正确的顺序解释步骤的重要性。例如，想用更大的力量击球，首先要调整运动姿势，然后进行负重练习，再训练臀部发力……如果你还没有找到适合自己的运动姿势，训练臀部发力就没有任何意义。

应该透露多少核心信息？

无论什么情况下，如果你看到某个演讲者准备的议题面面俱到，这通常表明他没有缩小目标范围。你可以在开始的时候透露3到4个核心信息——再多的话，就会失去听众。

讲3个核心信息永远不会出错，理由也很充分。三要点结构已经得到过无数次印证，这个结构包括最简单的开头、中间和结尾的故事线。我们从小就接触过"3个1组"这个概念，比如大、更大、最大。"3个1组"的节奏很合适，只列2个要点往往让人感觉话没说完。请注意，只列2个要点时要添加"等等"或"诸如此类"等词，将两点变成三点。

布莱恩·史蒂文森是一名律师、社会正义活动家，也是平等司法倡议组织的创始人。他因挑战刑事司法体系中对穷人和少数族裔的偏见而赢得了国际赞誉。史蒂文森擅长鼓舞人，是一位睿智、有趣的演说家，他身上有许多值得我们学习的长处——他提出的四要点法效果就很明显。

谷歌的时代精神系列节目，讲述了那些正在改变世界的人物的故事，其中就收录了史蒂文森的演讲《做舒适的事情并不能创造正义》。在演讲中，他首先用数据告诉我们问题的严重性，并解释为什么我们应该关注不平等和不公正的现象。然后，他简单地阐述了听众可以做的4件事，以遏制令人担忧的趋势，并改变世界。这4件事就是接近问题、改变说法、满怀希望、做让自己不舒服的事。

核心信息没必要说得明明白白，也不需要详细阐述。史蒂文森的观点乍一听并不容易理解——我们不知道"接近问题"是什么意思，但我们终会明白。

可以说5个核心信息吗？也许可以。TED 100强演讲者朱利安·特雷弗在演讲《提高倾听能力的5个好办法》中，提到了5个简单的可以提高倾听能力的练习。但他在透露能支持这些练习的核心信息时没有做到详略得当，以至于观点显得单薄，也不太容易被听众记住。

我把这些信息定义为核心信息是有原因的。为了实现演讲目标，你有必要谈论这些要点吗？如果答案是肯定的，而你还剩下6个甚至更多的核心信息没有讲，那就试着把它们提升到更高层次的结构，然后在演讲的时候一层一层地抽丝剥茧，就像打开俄罗斯套娃一样——打开大的，里面还有小的。

应该公布详尽的演讲框架吗？

有了搭建演讲框架的核心信息，你可能在想，这些信息应该提前告知听众，还是应该在演讲的过程中一一呈现呢？以下是提前罗列核心信息的几个好处：

清晰：听众会更容易猜到你稍后的演讲内容，了解整个叙事框架。演讲的内容越复杂，框架的作用就越大。

节奏：如果在讲到数字时略做停顿，你的语速就会慢下来。大多数人刚开始演讲时语速都太快了，因为他们有些紧张。说完数字后略做停顿，相当于踩下刹车。

简洁： 在列举核心信息时，你会更容易组织语言，从而使接下来的演讲内容更加简洁。

可信： 用正确的数字来罗列核心信息，会让你的演讲更有说服力和权威性。不妨试一试。

自信： 你会更有信心记住自己想说的话。

以上几点都有助于让听众对你产生信心，这对双方都有好处。然而，没有什么是完美的，公开演讲框架也有一些缺点。它会让你的演讲听起来太过正式。罗列核心信息可能会让你的演讲显得公式化，这也是有风险的。结构一览无遗，若内容毫无说服力，就会把演讲拉低到业余水平。如果你是某场活动的系列演讲者之一，而所有的演讲者都一一罗列了演讲框架，那么整个会场就会"飘着一股做香肠的气味"[1]——这或许可以解释为什么在TED100强演讲中，只有不到四分之一的演讲框架一目了然，例如雪莉·桑德伯格的演讲。如果你的演讲内容很吸引人，听众就不会注意到结构，或者他们会乐于去了解你搭建的框架，以便更好地消化你说的内容。世界上最好的餐馆仍然会在菜单上列出开胃菜、主菜和甜点。但是，让用餐经历非同凡响靠的是食物和体验，而不是罗列得清清楚楚的菜单。如果你在演讲开始时就能把控全场，让听众感受到你是在和他们互动，让他们对你的演讲产生兴趣，那么不管你有没有列举演讲框架，听众都愿意洗耳恭听。

---

1 意指草率地构建框架，然后将内容塞进框架中，很难分辨细节，就像灌香肠一样。——编者注

用核心信息搭建演讲框架。

用强有力的信息作支撑

这部分内容非常重要，我将在下一章中专门探讨。在这里先详细阐述核心信息。布莱恩·史蒂文森通过讲述一个重要的故事来说明他提出的四大核心解决方案的重要性。正是解决方案和故事的结合，使他的演讲极具感染力，引得听众起身喝彩。如果读完这本书，你只想看一场演讲，那就选择史蒂文森在谷歌的时代精神系列节目中的演讲吧。他的演讲核心信息构思巧妙，且传达有力。

连接句

连接句是连接各自独立的核心信息的纽带。

以我的关于风帆冲浪的演讲为例，在讲完风帆冲浪令人兴奋的最后一个要点之后，我可以说："掠过水面的感觉本身就是令人兴奋的。如果你在一个令人惊叹的地方冲浪，就会更兴奋，这是我接下来会谈到的……"

连接句很有用，但它也不是必不可少的。有时候，临时改变子话题也是吸引听众注意的好办法。如果你选择列出各个内容版块，那么在说完一个版块时，你可以简单地告知听众下一个版块的内容。例如史蒂文森会说："我们必须做的第四件事，也是最难的一件事，就是做一些让我们不舒服的事情。"

当然，如果连接句说得太顺口、太频繁，就会给人留下圆滑的印象。为了避免这种情况，可以有选择地使用连接句。

整合信息

你最希望听众听完你的演讲后有哪3个或4个收获？你对这个问题的回答就是实用的总结。你可以用几个简单的短语暗示演讲已经接近尾声了，比如"我来总结一下""总之""最后"或者"如果你想从我的演讲中有所收获，以下是最重要的几点……"。

如果你打算在演讲结束后回答问题，那么在说出上述短语之前，你可以说"在我开始回答问题之前……"，提醒那些想提问的听众做好准备。提前通知他们，可以避免自由提问时出现长时间冷场的尴尬局面。稍后我会更详细地探讨问答环节的注意事项。

如果你演讲的话题很轻松，演讲时间也很短，那么可以跳过总结部分。但如果你在一个技术性话题上用时较长，总结陈词会很有帮助。但是，总结的机会没有你想象的那么多。很多时候演讲者都没有足够的时间去总结，因为他们一直忙于面面俱到——他们没有缩小演讲内容的范围。不过，我相信你以后不会这么做了。

在做长时间的技术性演讲时，要提醒听众抓住你讲的要点。

强有力的结束语

还记得艾莉森吗？她在演讲《上市公司董事会性别多元化进展》开始时就提出了一个问题：成为女性董事是什么感觉？演讲快结束时，她在屏幕上放了一张2017年4月3日发行的《纽约客》的封面图片，并问听众："我们现在看到的是什么？"

"几个外科医生。"有人喊道。"没错。"艾莉森说着，转过身去看了看那张图片，"你们还注意到了什么？"那张图片上有4名戴着口罩和手术帽的外科医生正向下凝视，就像你在手术台上仰望他们一样。创作这幅画的法国艺术家玛丽卡·法夫尔曾说："我试图捕捉人们看着你失去知觉的那种感觉。"

"4名外科医生都是女性。"另一位听众说。

"没错，她们都是女性。这期杂志的主题是医学和健康，并不是性别。"艾莉森说，"4名外科医生都是女性，出现在一本与性别无关的杂志上。我想我提到的那位女性董事会赞同这是一种进步。许多外科医生也都表示赞同，他们觉得这是一件值得庆贺的事情。多伦多圣迈克尔医院的普通外科主任南希·巴克斯特博士说：'看到自己成为《纽约客》的封面人物，这太不可思议了。'她和世界各地的数千名女外科医生拷贝了这张照片，并贴上'#ILookLikeASurgeon'（我看起来像个外科医生）的标签，发布在社交媒体上。"

艾莉森用这张照片将结束语与开场白呼应起来，结束了演讲。这种方法强化了前后呼应，让听众知道演讲要收尾了，尤其是如果你像艾莉森一样，最终回答了自己最开始提出的问题。

说结束语的时候，你正好可以重新检查自己对"你希望听众听了你的演讲后做什么"这个问题的回答。通常情况下，你可以直接向听众提问。在TED100强演讲者中，有40%的人会在演讲结束时呼吁大家采取行动，你也可以这样做。在某些具体情况下，呼吁的内容可以说得更明确，比如"每天冥想10分钟"。

有时候不直接说出来反而更有力量。不要让听众觉得自己是在被迫接受你的建议，而要让他们发自内心地接受你的建议，就像TED100强演讲者之一安迪·普迪科姆在演讲《一切只需要10分钟的专注》中说的那样："这就是冥想和专注力的潜力，你不必焚香，也绝对不必坐在地板上。你需要做的就是每天抽出10分钟，退后一步，体验当下的每分每秒。这样一来，你就能体验到生活中更深层次的专注、平静和明晰。"

当然，演讲的结束语还有很多。以下是对TED100强演讲使用过的结束语的总结。

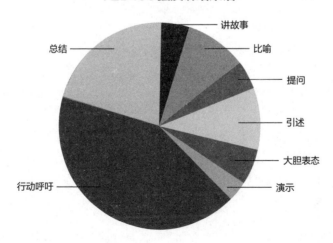

TED100强演讲结束语

给演讲收尾的是你，不是视频

无论说什么，有一点一定要明确：给演讲收尾的是你，不是视频。你不会想放弃发言权，让听众直接看屏幕吧？充分利用最后的机会，目视听众，把你的想法告诉他们，并要求他们采取行动。在刚开始说结束语的时候你可以放视频，但一定要把重要的话留给自己。

以风帆冲浪演讲为例，我可以展示一段博奈尔岛莱克湾的风帆冲浪视频，镜头会从白色的沙滩平移到蓝绿色的热带海域，最后切换到一位风帆冲浪初学者身上。根本不需要我开口解释，她脸上那喜不自胜的骄傲表情仿佛在说："我做到了！"然后我会告诉你们，人生最大的回报之一，就是在学习某项技能时取得进步，并提出问题："你们上一次在如此美丽的环境中学到满意的技能是什么时候？"我可以就此结束演讲，也可以建议你在网上找找灵感，想想你可以去世界上的哪个地方旅行，从而体验一下更有活力的感觉。

以首尾呼应和思路清晰的方式结束演讲。

3

"阳台英雄"
——添加强有力的信息

"阳台英雄"

假设你当了7年美国总统，在此期间，美国经历了住房危机、经济大萧条和经济复苏。现在，你有机会向数百万电视观众通报国家现状，你会怎么做？

合理的做法是抛出就业增长、债务偿还和消费者信心增强等一系列数据。这些数据非常重要。但大数据很抽象，引用一系列数据也显得枯燥乏味。为了让你的观点更有说服力，你可以谈谈美国明尼阿波利斯市的丽贝卡·埃勒和本·埃勒。奥巴马担任总统时就是这么做的。

在2015年的美国国情咨文演讲中，奥巴马说："7年前，埃勒夫妇结了婚，并有了孩子。金融危机爆发时，本所在的建筑行业停工了，而丽贝卡在当服务员，还上了助学贷款资助的社区大学。他们节衣缩食，情况慢慢地好转了。丽贝卡找到了一份更好的工作，薪水也提高了，本又在建筑行业找到了工作。他们生下了第二个孩子。丽贝卡写信给总统：'当你不得不振作起来的时候，你就能振作起来，这真是太神奇了……我们一家人都很坚强，相依为命，一起度过了非常非常艰难的时期。'"

他重复了最后一句话："我们一家人都很坚强，相依为命，一起度过了非常非常艰难的时期。"接着说，"在美国，丽贝卡和本的经历就是我们共同的经历。他们代表了数百万辛勤工作、节衣缩食、做出牺牲、重新振作起来的民众。你们就是我竞选总统的原因。6年前的今天，在金融危机最黑暗的几个月里，我站在国会大厦的台阶上，承诺我们将在新的基础上重建经济，那个时候我想到的就是你们。正因为你们的坚韧不拔、奋力拼搏，我们的国家才有可能变得更加强大。"

奥巴马演讲时，丽贝卡和本都在现场，丽贝卡就坐在国会阳台上的第一夫人身旁。埃勒夫妇正是"阳台英雄"，他们真实存在，能引发人们的共鸣，是无数普通民众的代表。你也可以在演讲中用"阳台英雄"这样的人物举例。

作为主题专家，你可能大部分时间都在说一些抽象、复杂的概念。但你可能也知道，当演讲的内容枯燥乏味又晦涩难懂时，想长时间地吸引听众是多么难。"阳台英雄"可以让你的观点鲜活起来，变得有吸引力。

第一位使用"阳台英雄"这一说法的美国总统是罗纳德·里根，他在首次发表国情咨文演讲时使用了这一说法。每年，美国总统都会利用这次演讲的机会，向国会联席会议以及数百万通过电视观看演讲的民众汇报国家取得的进步，以及他所在政党来年的立法计划。可以想象一下，在1小时内总结一个国家的工作该有多不容易。

以下是对里根在首次国情咨文演讲中提到的内容的总结：经济、税收、政府支出、外交政策、宪法、军事、民权和莱尼·斯库特尼克。等一下，莱尼是谁？

里根解释道："就在两个星期前，波托马克河上发生了一场可怕的悲剧，我们再次看到了美国最伟大的英雄主义精神——敬业的救援人员从冰冷的河水中救出飞机失事受害者的英雄主义。我们还看到了年轻的政府雇员莱尼·斯库特尼克的英雄行为。他看到一名妇女没有抓牢直升机缆绳而坠入河中，便跳入水中，将她拖到了安全的地方。"

此时，全场起立，为斯库特尼克鼓掌。掌声雷动，足足持续了42秒。斯库特尼克就坐在国会阳台上，身边是当时的第一夫人南希·里根。在经久不息的掌声中，里根目视着身穿灰色西装的斯库特尼克，向他致敬。随后，里根说：

"在美国，还有无数默默无闻的平凡英雄——父母为了让孩子过上比他们所知道的更好的生活而长期付出，拼搏奉献；教会和志愿者让穷人有饭吃、有衣穿，照顾他们，为他们提供接受教育的机会；数以百万计的民众让我们的国家和我们国家的命运变得如此特别。他们都是无名英雄，可能还没有实现自己的梦想，但他们将这些梦想寄托在自己的孩子身上。不要听信任何人说的'美国最辉煌的日子已经过去，美国精神已经被征服'。在我们的生活中，我们已经太多次看到美国精神的胜利，所以我们不会再相信这些鬼话。"

自里根1982年发表国情咨文演讲以来，哪些美国总统邀请英雄在国会阳台上就座了？答案是所有的美国总统。为什么？因为英雄效应很成功。

总统有世界上最好的演讲撰稿人为他们写国情咨文的演讲稿，但凡有更好的办法吸引听众，他们肯定会替换掉树立楷模这一招。但是他们没有。

你是否经常使用"阳台英雄"这个招数？我想你恐怕没有。我不是在指责你，但这是我的经验之谈。自1998年以来，我已经指导过无数的领导者。当我第一次看演讲者的方案时，那些方案里几乎没有任何"阳台英雄"的影子。

你可能会想："等一下，我是谈论重大问题的专家，并不是美国总统——至少现在还不是。我谈的不是军事功绩、失业率或政策计划，怎么能用'阳台英雄'呢？"

那就谈谈你的工作是如何影响他人的：别人会问你什么？他们透露了哪些顾虑？他们正在努力实现什么愿望？就说说这些吧。让你的工作充满人情味，说说你如何帮助别人回答这些问题，解决他们的顾虑，让他们走向更宏大、更光明的未来。

你的"阳台英雄"不需要掌控全场，也不需要有多伟大，但必须真实、能引发共鸣，这样你的听众才能对你的影响力有所了解。讲述一个典型人物——一位"阳台英雄"——再让更多的人产生共鸣。只要做到这一点，你就会看到听众的眼睛里闪烁着光芒，感受到他们高涨的情绪，说不定他们还会激动得站起来。

说说有代表性的真实人物，引发听众的共鸣。

1磅[1]黄油

"阳台英雄"就是强有力的信息。要了解信息强有力的原因，我们得先认识一下西纳·米勒。

西纳是一名职业筹款人，在病童医院基金会工作。该基金会是加拿大多伦多知名儿科教学医院病童医院的筹款机构。基金会最近发起了一项活动，要筹集15亿美元来建造一所新医院，资助医疗研究并帮助世界各地的医生和护士为病人提供更好的治疗与护理。这是加拿大规模最大的医院筹款活动。我负责指导医院的管理层和基金会的领导人宣传这项活动。

西纳·米勒从事筹款工作不仅仅是为了养家糊口，还为了拯救生命。"我见过一个婴儿，只有1磅黄油那么大，可以放在我的掌心里。"她说着，双手比画着1磅黄油的大小，"她住在我们医院的新生儿重症监护室里。你可以想象一下，4个早产儿和他们的家人挤在医院的一间病房里——因为我们医院的新生儿重症监护室没有单人间。我们用红色胶带在病房的地板上为每个孩子隔出了约17平方米的空间。"她一边解释，一边伸出胳膊在空中比画大致的分区。

这么多脆弱的婴儿挤在一起会引发各种各样的危险和并发症。米勒继续说道："对许多新手妈妈来说，在自己家里找个私密空间给孩子喂奶已经够难的了。想象一下，离你只有几步之遥的地方还有其他

---

1 约合0.45千克。——编者注

3个家庭，你还能喂奶吗？这样做压力太大了，也让人筋疲力尽。"她停顿了几秒，继续说道，"在筋疲力尽的状态下，我们更容易生病。如果一个母亲病倒了，按规定她就得回家，不能来看自己的孩子，以免传染病房里的其他婴儿。如果你是那位母亲，你该怎么办？"

这个时候，西纳已经抓住了所有听众的心。她放慢了语速，接着说道："或者还有更糟糕的情况。想象一下，作为父母，你需要进行一次最困难的对话——和你的孩子永别——而此时其他家庭就在几步之外。"

宣传不仅要表达情感诉求，还要以一种合理的方式来强化案例，比如引用顶尖儿科医院的最佳方案，并将它们与病童医院当前和拟议的方案进行比较。西纳做到了这一切，她筹集了几百万善款。

西纳使用了强有力的信息，你也可以。这些信息会引发人们强烈的反应，比如："太糟糕了。""我不能接受。""我们必须改善这种情况。""我能帮上什么忙？"。强有力的信息也能得到积极的反馈，比如："这实在令人赞叹！""这正是我需要的。""我也想要！"。

用强有力的信息来唤起你希望看到的强烈反应。

"阳台英雄"就是一种强有力的信息。接下来还会讲到其他信息，无论是为了拯救生命而筹款几百万美元，还是为了在日常生活中捍卫自己的立场，你都可以有选择地使用这些信息。

示例

3个词和3个圈能产生多大的影响?

你能不假思索地说出多少个当代广告商的名字?我说的不是奥格威或麦肯这些已故的广告商,当然唐·德雷柏[1]也不算。我说的是还健在的没有退休的广告商。

有一位广告商的大名你可能有所耳闻,但并不是因为他的业绩。在普吉特湾的一次演讲中,他在活动挂图上画了3个圆圈,并写了3个词语。这场名为"伟大的领导者如何激励行动"的演讲被录制下来并发布到了网上。目前,该视频已经被播放了超过5000万次,并被翻译成47种语言。为什么这个视频如此受欢迎?因为他将一个简单实用的概念和与之相关的鼓舞人心的具体案例结合起来了。在中间的圆圈里,他写了"why"(为什么),意思是"你为什么要做你现在做的事";另一个圆圈里写的是"how"(怎么做),意思是"你是怎么做现在做的事情的";最后一个圆圈里写的是"what"(什么),意思是"你在做什么"。为了阐明三个圆圈分别代表的意思,他举了苹果公司这个大家都能理解的例子。

这个人就是西蒙·西内克。西内克写过一系列畅销书,每年都要向成千上万的人做关于领导力的演讲,出场费高达几万美元。如果没有这些演讲经验,他在TED舞台上的影响力就无从谈起,也不可能对

---

1 美国电视剧《广告狂人》的男主角。——编者注

包括军事首脑、全球品牌首席经理人和顶级智囊团在内的数百万听众产生深远的影响。

缩小差距

你可能会想："好了，我明白了。我知道要举例子。"但你猜怎么着？如果你也像大多数既聪明又成功的演讲者一样，你可能还真不明白。只有那些最优秀的演讲者才会明白。

你觉得在一场18分钟的常规演讲中，TED100强演讲者会举多少个例子呢？我就这个问题问过无数人，他们通常回答3到5个。这个回答是错误的，正确答案比这个数字高得多，是18个，也就是每分钟举1个例子。

在TED100强演讲者中，有些人举1个例子要花几分钟，而有些人不到3秒能说出3个例子。依我之见，时间长短并不重要，每个例子都有存在的价值，不管讲述的时间是长还是短。不要把数量和质量混为一谈——我只是想在专业人士有机会谈论工作的时候，设定一条基准线来比较我通常看到的情况。

你觉得我的客户——都是既聪明又成功的战略顾问和商业领袖——在这类18分钟的演讲中会举多少个例子？我看了他们的初稿后，发现答案趋近于零。为什么他们不多举几个例子呢？因为他们太想面面俱到了，根本没有缩小目标范围。你的演讲和最佳演讲之间可能存在不小的差距。你要做的是缩小目标范围，再想办法举例，把你没说完的想法生动地呈现出来。你可能还需要做一些别的工作。为了对你有所启发，明白多举例子的其他好处，下面先来看一些示例。

与明星企业挂钩

有一个很有意思的挑战。先想一个你的同事或客户认为有用的概念，再把它画出来。也许你画的是一个二维矩阵图，X轴表示相对市场占有率，Y轴表示销售增长率。如果你不知道这个矩阵，那我告诉你，这是波士顿咨询集团有名的波士顿矩阵。

现在，准备好能鼓舞人心、引发共鸣的具体实例来激活这个概念。接下来，在不举任何例子的情况下解释这个概念，注意观察听众的反应，然后加上例子，对比两种情况下听众的反应。

如果你问一些商业精英是否知道波士顿矩阵，肯定很多人知道。但是，如果你让他们说出任何其他顶尖咨询公司的机制，很多人都说不上来。事实证明，波士顿矩阵已被证明是一个细分产品的好方法，也是一个让企业在市场中脱颖而出的好方法。

举例说明机制和框架。

注意力被破坏还是被唤醒？

艾伦是一家市值140亿美元的全国性零售商的负责人，我听过他在一家午餐俱乐部里发表的演讲。演讲是在一个到处都是陶立克柱的大型宴会厅里发表的，一些国家元首、科技巨头和皇室成员都在那里发表过演讲。

艾伦身穿清爽的蓝色西服，在贵宾桌前来回穿梭。推杯换盏之后，他带着孩童般的热情说，公司提供的数据有助于他们真正了解加拿大人并出售合适的产品。但是，仅靠分析并不能点燃听众的热情。于是，他接着问道："你们觉得加拿大人在曲棍球比赛中向左和向右射门的比例是多少？多年来，直觉告诉我们，两种情况应该大概持平。我们现在才知道，真实情况是有56%的人会向左，44%的人会向右。而且，全国各地的比例并不相同，滨海诸省只有25%的人会向左，而在不列颠哥伦比亚省，情况则恰恰相反。人们能够买到合适的产品，一部分原因是产品在合适的商店分类得当，而且库存也合适。我们的数据能够确保我们在全国各地的商店都备有合适的曲棍球杆（左手杆和右手杆）。"对典型的加拿大零售商来说，拿曲棍球杆来举例再合适不过了。

请注意，艾伦举的例子非常具体。他不只谈到了"合适的产品"，还聊起了曲棍球的左手杆和右手杆。他没有提到通用的管辖区概念，而是引述了滨海诸省和不列颠哥伦比亚省的例子。这样的描述具体、生动，令人难忘。

这么做不是为了简化，而是为了方便听众理解核心理念，避免用"行话"去解释，或者说，避免用我最近看到的一个新词——"一氧化行话"[1]——去解释。如果让你解释经济的运行方式，你该怎么说？不难想象，堆砌术语的话是多么容易失去听众。瑞·达里欧是全球最大的对冲基金——桥水基金——的创始人，他写了一本畅销书，叫作《原则》。在一段名为"经济机器如何运行"的30分钟的视频中，他解释了经济是如何运行的。其中，他解释了推动经济发展的3个因素，并举了贷款购买电视和拖拉机等例子进行说明。截至今天，就在我写

---

1 该词源自一氧化碳，表示令人窒息、无用的话。——编者注

下这句话的时候，该视频已经被浏览了超过2300万次，也许超过了教过你的经济学教授的视频。

通过举例，把抽象的概念具体化。

你希望谁在驾驶舱里？

如果你举的例子都与你的工作有关，你的可信度将会进一步提升。你希望谁来驾驶你乘坐的飞机呢？是一位拥有几个博士学位和飞行员执照的航空工程师，还是电影《萨利机长》男主人公的原型切斯利·萨伦伯格？萨伦伯格这位前空军战斗机飞行员曾驾驶一架载有155名乘客、2个引擎都因鸟击而失灵的空客A320飞机安全降落在哈得孙河上。萨利机长的经验可以赢得乘客的信任。从工作中得到启发的例子可以让你巧妙地展示自己的经验，让听众对你的能力产生信心。

开启演讲教练生涯的那一年，我27岁，但看起来像17岁。在和一些商业精英聊起我当时的工作时，他们通常会给予积极的评价，但这些评价不置可否，甚至带着些许客气的不屑一顾。比如，他们会说："哦，太棒了。33年前，我在大学里上过一门演讲课，课程非常棒。"当他们发现我的客户并非等闲之辈，而他们自己也认可了我的指导效果后——正如例子中所说的——他们就会张开双臂，靠过来说："能否请你对我的演讲指点一二？"

我并不是建议你无端地透露客户姓名或违反保密协议。你可以有选择地阐述你的观点，使其更清晰，更具说服力，而不会显得骄傲自满或不专业（稍后会谈到保密问题）。

用举例来建立威信和信任。

长久的印象

一位废品管理专家在广播里谈到"心愿回收"——消费者把他们不忍心扔掉又不能回收的东西放进自家的蓝色垃圾箱（可回收垃圾箱）里。电台主持人问："都有什么东西呢？"专家回答："上周，我们从某个人家的蓝色垃圾箱里翻出了一套十瓶保龄球。这个我们是没办法回收的。"从那以后，我再也没有写过或者聊过心愿回收这件事，但保龄球的例子留在了我的记忆里，清晰而难以忘怀——也许是因为我觉得高中时穿保龄球鞋会很酷吧（我试过了，并没有很酷）。

举例说明很容易，但在实际演讲时，大多数人并没有使用它，或者远远无法做到1分钟举1个例子。在你的演讲中多举例，就会让更多的人认同你的想法，你也会对自己的能力提出更高的要求。

举例让概念便于理解和记忆。

讲故事

大厅里的拥抱

面对经历不幸的人，你问过多少遍"有什么我能帮你的吗"这句话？看了雪莉·桑德伯格和艾伦·德詹尼丝的谈话，我明白了许多道理，再没问过这个问题。那是在《艾伦秀》的节目现场，她们就坐在演播厅明晃晃的棕榈树背景前呈一定角度摆放的白色皮椅上。

雪莉说她在墨西哥度假时失去了丈夫戴夫，她不得不告诉她的2个孩子，他们再也见不到自己的父亲了。

艾伦问她，如果他人沉浸在悲伤的情绪中，我们应该说什么，不应该说什么。雪莉解释说，她以前常常会问别人自己是否能为他们做点儿什么。虽然是真心想帮忙，但她意识到这么问是将负担转移到试图帮助的人身上——他们必须要做出回答。当她被问到这个问题时，她告诉艾伦："我不知道该说什么。如果可以，我会说：'那好，你能让父亲节消失吗？这样我就不用每年跟着过节了。'"

演播厅里鸦雀无声。艾伦下意识地点了点头，雪莉继续说："与其问别人自己该做什么，不如主动做点儿什么。"接着，她讲述了一个朋友的故事。那个朋友的孩子在治疗了几个月后还是离开了人世。"他的一个朋友给他发短信：'不管你下不下来，1小时内我都会出现在医院的大厅里，等着拥抱你。'这句话极有分量。"

这句话确实极有分量，它让我无法释怀。每次看到有人遭遇不幸，我都会尽我所能，给予帮助。雪莉·桑德伯格改变了我对那些苦命人的行为的理解——她只说了一个故事就做到了。

用故事刺激个人做出改变。

令人神往的顿悟

改变个人行为是很难的，在企业层面进行变革就更加困难了。史蒂夫现在领导着一家全球管理咨询公司。几十年来，他一直在努力帮助公司向更好的方向发展。

某天，我和史蒂夫坐在一家意大利餐厅里喝咖啡。这家餐厅让你仿佛置身于金融区中心一个通风的巨型酒桶中。他质朴的发型和身上穿的咨询顾问制服，都让你感觉他就是你期望的那种利用自己在工程和军事方面的背景，为客户的公司提高效率的人。

如果你想造一艘船，先不要召集人手去收集木头，也不要给他们分配任务，而是要激发他们对海洋的渴望。

——安东尼·德·圣埃克苏佩里

让我没想到的是，他说："前几天我顿悟了。我参加了一个会议，会上我们讨论了企业转型路上常见的'绊脚石'——得不到管理层的支持、技术的不确定性、缺乏共同愿景……我突然想到，还有一个更重要的障碍几乎总是被忽略，那就是故事——一个包罗万象、彰显凝聚力、用来团结和激励企业员工的故事。"

他眼睛一亮，继续说道："你还记得小时候做过的科学实验吗？

把铁屑撒在一张纸上，再在纸下面放一块磁铁，会发生什么？所有杂乱无章地散落在各处的铁屑都会聚集在一起。如果没有磁铁，想聚集铁屑是很难的，就像试图在没有精心设计故事的前提下推动企业转型一样。"

"许多企业由习惯用左脑思考的分析型人士主导，他们注重分析和业务流程。"他接着说道，"虽然这些都很重要，但还不足以让我们达到预期的目标。专注于设计、经历和传达引人注目的故事，有助于企业的转型，这是任何体系、方法或数据本身都无法比拟的。"

史蒂夫这番观察后得出的结论并不是零散的思考结果，而是基于几十年来为大公司大规模的转型提供咨询的来之不易的经验。在没有故事的情况下，改变一个企业的行为是极其困难的。

用故事提高企业凝聚力并推动变革。

故事是你可以用来打动全场的最有力的手段之一。我们已经见识了它是如何推动变革的。在深入探讨如何使用第54页提到的"故事构建模板"构建更好的故事之前，先快速了解一下为什么要讲故事的其他理由。

故事拯救生命

想象一下试图安全地经营一家大型矿业公司的情况——这家大型公司需要投入重型设备和大型机械，拥有数千名员工，且每天24小时持续运转。自2005年4月成为泰克资源有限公司的首席执行官以来，这一直是唐·林赛的工作。泰克资源有限公司拥有10个主要矿山的股权，包括加拿大不列颠哥伦比亚省麋鹿谷的格林希尔公司。

2005年10月20日，那是一个雾蒙蒙的夜晚，一个名叫特里·特瓦斯特的煤矿救援队长在操作推土机时遇险。他误把推土机开过河岸，掉进了坑底。这场悲剧成了泰克公司的转折点。"我们都说，适可而止吧。"林赛解释道。之后，他们决定实施"勇敢的安全领导力"计划。

该计划是根据这样一种认识制订的，即仅靠强有力的技术安全计划无法创造可持续的安全文化。"人是复杂的。我们会做出选择，也会犯错。"林赛说。为了打造积极的安全文化，泰克公司将每天在工作中做出的选择对其他人的生活产生的影响，通过故事细化到每一个人身上。

例如，泰克公司在加拿大阿尔伯塔省辛顿南部卡丁内河的分公司的会计托妮·福斯特描述了丈夫戈登·福斯特是如何从11米高的地方摔落到水泥平台上的，并解释了丧夫之痛对她的影响。"我每天都会开车经过这条高速公路。"她一边说，一边拿出一张照片，上面有一条双车道的高速公路穿过起伏的乡村，一直延伸到远处的群山脚下，"每天我都会开车经过他的墓地。我必须告诉你们，这真的让我心痛，真的太痛心了。"她抿紧双唇，不让痛苦的情绪喷涌而出，"我愿意付出一切来换取哪怕多1分钟的机会。"

她很清楚自己为什么要发言："无论多么痛苦，我都要站出来分享这个故事，是因为我相信我们可以从中吸取教训。"最后，她恳请同事们担起责任，敢为人先，毫无保留地说出自己的观点。这对员工及其家人的生命都很重要。

自"勇敢的安全领导力"计划启动以来，已有1.7万名员工和长期承包商参与了该计划。在这项计划中，积极改变的故事也发挥了重要作用，比如在智利北部夫拉达布兰卡的泰克露天铜阴极矿工作的起重机操作工豪尔赫·埃斯皮诺萨的故事。

他认为用250吨的起重机无法安全吊起一块27吨重的水泥板，但有些工人还是坚持继续用该起重机吊起水泥板。埃斯皮诺萨拒绝了。"我打电话给主管，告诉他，考虑到起重机的负荷，这么做的确风险太大。"后来，他们租了一台350吨的起重机，安全地完成了任务。"发现不安全的因素，我们有责任说出来。"埃斯皮诺萨说。他是被泰克公司关注的无数位勇敢的安全领导者之一。

"我们坚信，成功缔造成功，分享积极向上的故事可以创造积极的文化。"林赛说，"我们讲故事的方式产生了深远的影响。"在过去的10年里，他们已经将员工受伤率降低了三分之二。这意味着每天都有更多的人能安全回家。

用故事个性化失败，庆祝胜利。生活可能取决于此。

绝不忘词

众所周知，在重要场合演讲会让大多数人感到焦虑。这种焦虑很大程度上源于我们害怕自己会忘记想说的话，担心这些话会从脑海中溜走，我们会忘词，会当众出丑。许多人考虑周到，准备了笔记来提醒自己，以此降低忘词的风险。可是，如果他们看笔记，目光就会离开台下的听众，音量也会降低。听众便不再认真听讲，彼此间的信任分崩离析。

有什么更好的方法吗？有，那就是精简演讲重点，用故事来说明观点。故事会像松脂一样粘在记忆中，而零散的记忆碎片很难被记住。改变方法、精简观点、增强说服力，你就能更加游刃有余地发表演讲，听众也会记得更牢。

9年前，我听到一位名叫韦斯的首席执行官跟同事谈到提供卓越服务的必要性——这是一个很重要的议题，可能会有老生常谈的劝告。然而，他没有说那些老掉牙的话，没有设定标准，也不要求别人一定要遵守什么规矩。他明白得很——从他那头稀疏而粗硬的白发就可以看出，他是一个精明的领导者。韦斯借故事抛出了自己的观点，并让听众选择采纳他的观点。他也因此成为一群干劲儿十足的专业人士的高效领导者。

他站在会场前方，讲述了一对情侣入住纽约丽思卡尔顿酒店的故事。在办理入住手续时，男士小声对前台的工作人员说："明天下午4点可以送一些香槟和草莓到我的房间里吗？"他笑了笑，继续说道，"还有，不要让我女朋友知道。"

前台工作人员也朝他笑了笑，俯身向前，轻声地问他是否有什么特殊意义。"没错，我打算求婚。我还没有想好所有的细节，但我知道她会喜欢香槟和草莓。"

工作人员问他是否需要一些建议，那位男士迅速点了点头。酒店的计划让任何人都难以拒绝——在早上的客房服务期间，一架望远镜被放置在客人的房间里，对准了59街对面的中央公园；到了下午指定的时间，那位男士让他的女朋友用望远镜看池塘对面的一位举着牌子的酒店工作人员，牌子上写着："苔丝，你愿意嫁给我吗？"2分钟后，有人敲门，送来了香槟、草莓和鲜花。

苔丝欣喜地答应了。求婚计划顺利完成。

听了这个故事，你很容易就能明白提供卓越的服务和激发灵感为客户创造卓越体验的意义——客户和自己的公司实现了双赢。对身为酒店管理者的韦斯来说，这就是成功。他很容易就能记住关键环节，也很容易在讲述故事时吸引全场的目光。

我听过这个故事，但在之后的7年里，我并没有把它写进演讲稿里，也没有讲过它。去年，在与另一位客户交谈时，我想起了这个故事，我不但能够复述，还能把故事的精髓表达清楚。正如我妻子所说的，记忆不是我的强项。其实，容易记住的是故事。

为了便于记忆和复述信息，可以用故事来强化记忆。

永远不要低估故事的力量。林登·约翰逊之所以能够通过《民权法案》，是因为他和马丁·路德·金讲述的故事……更好地讲述我们如何精诚合作的故事，是我作为总统一直感兴趣的，也是我卸任以后还会继续关注的话题。

——巴拉克·奥巴马

催化信任

在演讲时，讲故事还有别的好处。研究表明，我们在听故事时身体会释放催产素，这是一种信任激素。许多人想努力成为值得信赖的顾问，而故事可以帮助你建立和加深信任，所以，在演讲时你可能想尽早讲述故事，好让听众的大脑产生化学反应，从而催化信任。

用故事来建立信任。

一流的老师

还有研究表明，人们从故事讲述者那里能明白更多的道理。我所在的商学院中，一位教授一直被评为最佳教师，并不是因为他拥有哈佛商学院的博士学位，而是因为他用在世界500强企业做顾问的故事来授课。他有着控球后卫的体格，眼神似乎表明他知道你要说什么——他确实知道。他会在全班同学面前踱来踱去，突然说起他开着红色跑车去学校时想到的事。然后，他会告诉我们，他是如何帮助一家全国连锁药店把利润率提高10%的，方法是建议他们增加产品类别（销售更多的杂货）和售卖更贵的产品（化妆品），以此增加客流量，提高每个购物篮的消费金额。我们从他和他讲述的小故事中学到的知识，比从其他那些编写了教科书但没有在过道里给客户提过建议的教授那里学到的更多。

用故事来促进学习。

给你想要的东西

许多年前，我问我母亲，我应该给我的女朋友（现在是我的妻子）送什么礼物。她问："她给了你什么？人们往往会送别人他们自己想要的东西。"这个建议很管用。虽然我不会告诉你我送给女朋友的是什么，但我要问你：作为一名听众，你是愿意听一长串令人作呕的要点，还是愿意听一位专家用简短的故事阐明几个要点？哪个更吸引人、更令人难忘、更有说服力？

从收视率来看，《60分钟》是美国电视史上最成功的黄金时段节目。它获得了160项艾美奖。这档节目成功的根本原因是什么？该节目的制作人唐·休伊特说："成功的秘诀很简单，可以简化为4个字——全世界的孩子都知道的4个字——讲个故事。就这么简单。"

讲个故事对休伊特来说很简单。然而，大多数专家都是逻辑清晰的左脑思考者，而不是天生的故事讲述者。不擅长讲故事也没关系，只要定好框架，再使用几个演讲技巧，你就能串联起一个小故事，扩大自己的影响力。

故事构建模板

有许多经典的讲故事模式，比如"探寻之路""英雄之旅""白手起家"等。如果你在写剧本或小说，这些模式很管用，但它们在大多数企业演讲时用处并不大。以下是简单的故事构建模板，可以帮助你在各种情况下更好地讲述故事。

故事构建模板

1 让听众认真听演讲	2 激发洞察力、鼓励发现	3 提供回报
介绍一个讨人喜欢的主角。 + 制造紧张气氛。	提供一个解决方案，让听众有所收获或者能从中得到教训。	化解紧张，包括鼓舞人心（或排斥）的结果。 + 能自圆其说，将故事与你掌握的更广泛的信息联系起来。这样做可以确保你说得有道理！

贯穿整个故事的共同线索：

· 添加质感和细节。
· 设计充满感情色彩的对话。
· 确保真实。
· 确保可信，避免夸张。
· 确定故事与你的目标保持一致。

让听众认真听演讲

什么样的电视剧会引发"刷剧"的热潮？"刷剧"这个词是2003年随着网飞的流行而出现的。在此之前，你可能已经看过DVD版的电视剧《24小时》。在这部电视剧中，基弗·萨瑟兰饰演的反恐特工杰克·鲍尔与时间赛跑，争分夺秒地阻止袭击、暗杀总统或大规模爆炸等事件，场面惊心动魄。

很少有人会在短时间内抽大量时间去看一部电视剧，但是《24小时》能让你认真"刷剧"——每一集的结尾都留下了太多的悬念，让你不得不一直看下去，看看鲍尔是否能阻止灾难，化解紧张局势。即使不是在制作政治惊悚片，你也能让听众认真听你演讲。办法分为2步：

1.讲述个人的故事。首先，故事应该是关于个人的（例如杰克·鲍尔或总统），而不是团队（例如反恐小组）。体育媒体有时会将一场比赛描述为球员之间的两两对决，来为比赛造势，比如汤姆·布拉迪VS尼克·福尔斯、科怀·伦纳德VS斯蒂芬·库里、克莱顿·克萧VS泰勒·格拉斯诺。一篇标准的体育新闻标题是这样写的："世界杯半决赛，梅根·拉皮诺埃VS露西·布隆泽，这将是一场独一无二的明星实力大对决。"媒体喜欢让运动员们互相点评，来进一步推动戏剧性效果，拳击手在冠军争夺战前也会如此。这种操作很管用，能让球迷投入到比赛中，激发他们的热情。

事实证明，关注个人而非群体会有显著的效果。俄勒冈大学的研究员保罗·斯洛维奇表示，人们更愿意为一个挨饿的女孩捐款，而不愿意捐助包括同一个女孩在内的数以百万计的正在挨饿的女孩。

**它总是与故事有关……故事要生动，就必须讲述个案。
如果你增加案例，淡化了个案，你就淡化了情感。**

——丹尼尔·卡尼曼（诺贝尔经济学奖得主）

2.设置障碍。让听众认真听演讲的第二步，是在故事主角及其愿望之间设置一道障碍。在斯洛维奇的研究中，阻碍女孩实现过上美好生活的（隐含）愿望的因素是饥饿。假设你有一个客户叫塞奇，她是前冲浪冠军，住在美国加利福尼亚州圣克鲁兹。她打电话给你，说："我给我可爱的手形冲浪板'立普林'安排了一批狂热的追随者。从海滩流浪汉到投资银行家都跟我说，这么多年来，'立普林'给了他们最甜蜜的体验。他们不用冲浪板的时候，就把它当作艺术品挂在

客厅里。"虽然赞美声不绝于耳，可她并没有赚到很多钱。她接着说："我想筹一些钱，这样我就可以购买机器，扩大生产规模，还能将产品卖给一家全球连锁店，他们喜欢我的冲浪板。可我不想找银行借钱，也没什么有钱的朋友。我想看到我的冲浪板宝贝们出现在世界上最好的海浪上。"

好了，我们的故事有了一个可爱的主角——我们很难让听众为一个浑蛋说话——她志在全球的抱负和资金短缺之间存在矛盾。这就产生了预期和不确定性。你希望她成功，但不确定她能否成功。

障碍也有可能将主角置于困境中。在丹尼·博伊尔的电影《127小时》中，美国犹他州的冒险家阿伦·罗尔斯顿的胳膊卡在了峡谷中的一块巨石下。如果他无法脱身，就会死掉。究竟会发生什么呢？你必须看了才知道。

库尔特·冯内古特把这个故事称为"坑洞里的男人"。也许你的客户认为她的某个员工挪用了资金，公司的现金正在大量流失。你要怎么做才能让她摆脱困境——把她从'坑洞'里救出来呢？

戏剧是夹杂着不确定性的期待。

——威廉·阿彻尔（文学评论家）

人们喜欢戏剧，是因为其充满期待和不确定性。这就是为什么数以百万计的人在体育比赛开始后会守在电视机前观看，而不是在比赛结果已经揭晓、没有不确定性的情况下看重播。在前述故事中，塞奇想要的是一个解决方案，而听众想知道的是她是否找到了解决方案。

激发洞察力、鼓励发现

你现在可以说说你帮了她什么忙："我让塞奇去问她在投资银行工作的粉丝，是否有人愿意购买她公司的部分股权。我起草了一封信，给这些潜在投资者提交报价。"

理想情况下，解决方案能激发听众的洞察力，或者鼓励听众去发现更多。在这个简单的例子中，听众可能是年轻的企业家，他们不知道银行债务以外的资本来源，也没有意识到他们的客户可以成为他们的出资人。

我与乔恩·拉克斯有过交谈，他是世界知名设计公司Teehan+Lax的创始合伙人。当时，他站在一间玻璃立方体会议室的抛光地板上对我说："我想在我的故事中设置一个'惊喜'时刻。我从电影里寻找灵感，比如电影《非常嫌疑犯》中发现罗杰·金特就是凯撒·索泽的时刻。"他扬起眉毛，笑了笑，"希望这不是在剧透！"他继续说道，"所有设置好的细节都组合在一起了。"

他卷起格子衬衫的袖子，露出可以帮他在摔跤比赛中获胜的前臂："我在想什么是我的'惊喜'时刻，以及我该如何构建故事去呈现这样的细节。"为了说明这一点，他解释说，他的公司曾和一家大型房地产经纪公司合作，在介绍最初的创意时，他在客户面前做了详细的分析和改进。他接着说："但对线上买家来说，最糟糕的在线体验之一就是每次他们返回任何房地产网站时，都必须从头开始浏览。"他指着自己身后一幅假想的图像，继续说，"我给他们看了屏幕。我不需要说什么，他们可以看得出我们的设计是很有意义的，以前没有人想到这一点。你不需要登录，我们设计的东西能记住你做过的一切——它有记忆功能，能按照你期望的方式工作。"这就是"惊喜"时刻。

提供回报

一个商业故事通常应该以化解了矛盾、取得了成绩的回报结束。在塞奇的案例中，她从投资银行的客户那里筹集了资金，并将年销售额从6位数提高到了7位数。就像冲浪者会说的："老兄，这简直太酷了。"确实有回报。

人们通常不会在故事的结尾说出结果。一些人认为这样的结果是理所当然的，他们亲身经历过，知道事情是如何发展到这一步的——塞奇获得了融资，冲浪板的销量也上升了。还有一些人不想让别人觉得他们是在哗众取宠。注意，这个故事的主角是坚强的塞奇，不是你。你只是配角。服从主角很重要，这样可以避免自吹自擂，同时可以巧妙地展示你是如何帮助别人的。

> **人们已经忘记了如何讲故事。故事已经没有中间部分和结尾了。它们通常开了个头就再也讲不下去了。**
>
> ——史蒂文·斯皮尔伯格

讲故事要确保能自圆其说，解释这个故事如何与更广泛的信息或听众的收获联系起来。如果可以明说，就不必含蓄。比如，你可以说："记住，你没必要为了公司的发展贷款。你最好的投资者可能就是你现有的客户，他们就站在你面前，或者说就在你面前冲浪。"自圆其说可以确保你的故事有道理，也可以确保听众能明白这个道理。

选对了故事，听众就会跟着这个故事走。一开始，他们会说："这听起来很像我会做的事……"听到最后，他们又会说："我也想要那样。"故事就是强有力的信息。你一定希望听众支持并认同故事的主角。如果你故事讲得好，听众就会希望自己能取得主角那样的成就。

丰富故事的共同线索

以下是故事的3个部分都应该包含的5个要素：

1. 添加质感和细节。马尔科姆·格拉德威尔站在自家书房的书堆里，埋头阅读积满灰尘的期刊，希望从中汲取灵感。他的头发似乎不受地心引力的影响，看起来就像他在漫长而累人的研究过程中把头发向外拉扯过似的。他每次发现一个伟大的观点，就会巧妙地构建一个相关的故事来分享这个观点。他最早写的5本书都曾荣登《纽约时报》畅销书排行榜，包括《眨眼之间》《异类》和《引爆点》。他的TED演讲视频已经被观看了超过1500万次，他上台演讲的出场费高达数万美元。他最初的播客也大获成功，还开了一家播客制作公司，和其他有天赋的故事讲述者一起制作更多的播客。每次介绍一个角色，即便是一个相对次要的角色，格拉德威尔几乎总是会在他的作品中用一句话描述角色的外形，让这些角色在听众的想象中变得具体而清晰。在TED大会上，他这样介绍他的演讲《选择、快乐和意大利面酱》的主角："霍华德大概有这么高（做手势），浑身圆滚滚的，六十多岁，戴着一副大大的眼镜，头发灰白、稀疏。他的言行充满激情，出奇的有活力。他养了一只鹦鹉。他喜欢歌剧，还是中世纪历史的狂热爱好者。"另外，格拉德威尔的每个故事几乎都以指定的日期和地点开始。

细节让故事更可信。研究发现，如果目击者的证言包含与案件相关的细节，那么其证词会更有效。但需要注意的是，细节披露得太多，效果会出现递减趋势，一定要把握好度。给你的故事添加质感和细节，介绍并简要描述这些人物。每次我要求客户这样做的时候，他们的表情会变得柔和，声音会变得动听，整个人散发着人性的光辉，他们的故事也变得更可信，更能引起听众的共鸣。

2. 设计充满感情色彩的对话。我坐在一栋镜面玻璃建筑的行政楼层，对面坐着一位能源行业的高管。她身穿醒目的条纹紧身夹克，脚蹬方跟高跟鞋。她说："那个家伙傲慢得要命，我再也不会雇用那家公司的任何人了！"她口中的那个家伙是她公司对接的一个大项目的日常事务经理，这是她作为客户得到的最重要的启示。我问她："你跟客户团队的负责人这样说了吗？"

"要是他们有兴趣问，我就会说，可他们没有问。我们每年花费超过1000万美元为他们提供服务，而他们说好的分一杯羹呢？呸！没影了。"

哪个说法更有趣？是直接说我的客户无法容忍傲慢，还是说我的客户用对话的形式让这种情绪鲜活起来了？哪一个能鼓励你在说话时变得活跃？有一个最简单的方法，能让你的声音充满活力，那就是准备好能让声音充满活力的内容，并用你的双手比画着强调要点。试一试吧。

平均而言，TED100强演讲者在演讲过程中每隔1分钟就使用1次对话。布莱恩·利特尔就是其中的代表。他是哈佛大学的心理学教授，研究的主题是内向和外向。在 TED 的舞台上演讲《你究竟是谁？人格之谜》时，他告诉听众，他是一个极内向的人。

他看上去很有学者气质，脚上穿着一双合脚的黑色皮鞋，一块酒红色的口袋方巾搭配他的圆领羊毛衫，头发至少超过一个月没理了，完全看不出原先的发型。

他对现场的听众说："我想告诉你们一些事实和故事，你们可以从中窥见自己的另一面。"为了说明内向者和外向者在沟通上的不同，他讲了一段自己与外向的同事汤姆共事的经历——汤姆和他是截然不同的两类人。

他说，他们曾借调了一个叫迈克尔的人参与项目。项目完成时，调派迈克尔的人问他和汤姆："你们觉得迈克尔怎么样？"

"我说：'迈克尔有些时候确实会有某种行为倾向，这种行为倾向可能会让我们有些人觉得他比通常要求的更自信。'

"汤姆则翻了个白眼，说：'迈克尔？要我说，他就是个浑蛋！'

"看到了吧，作为一个内向的人，我可能会委婉地暗示这个人的行为中有某些'浑蛋'的特质，但我不会直接说出'浑蛋'这个词。而外向的人会说：'他走路像什么，说话像什么，我就会叫他什么。'我们的言行完全没有交集。"

在这场充满活力的交流中，利特尔的谈话变得生动起来。在阐述观点时，对话使他充满活力，听众最后起身为他鼓掌，这番对话功不可没。

詹姆斯·维奇在最受欢迎的 TED 演讲者榜单上排前几名。他的精彩演讲《你回复垃圾邮件时会发生什么》，就完全建立在一个由对话推进的故事之上。虽然这不是你可能会发表的那种演讲，但如果你还没有看过，应该去看看。

3.确保真实。"我没办法聊F1。我不看赛车——那不是我！"琳达领导着一个6000人的专业团队，她对这份工作非常投入。下属钦佩她是有充分理由的。她集职业运动员的强壮、战略家的谋略和《周六夜现场》主持人的魅力于一身。她很真实。

"我也不想让你聊与你无关的事情。"我回答，"可万一你确实有理由可以聊聊F1呢？"然后，她一边回忆一边说，她和女儿去过摩纳哥的蒙特卡洛，那里每年春天都会举行F1摩纳哥大奖赛。她记得和别人聊过赛事，了解过这项"运动"——加引号的是她，不是我。回忆把她带入了真实发生的故事，她用这个故事改变了团队对合作方式的思考。

故事应该忠于你的角色。在筛选潜在的故事时，不要过早地丢弃那些一开始看起来不太真实的好故事。有时候你只需要用一种真实的方式讲述故事。

4.确保可信。我曾无意中听到有人对同事说："天哪，我不相信她。她做什么都很夸张！"可见，为了给故事增添色彩而进行的修饰和言过其实的夸张之间是有区别的，后者会侵蚀信誉。要想建立信誉，就不要越界；如果你越界了，那就要解释："我是为了效果才夸大其词的……"

信誉根植于真实。一个名叫杰夫的诉讼律师曾告诉我："我们总是在出庭前劝客户：'坦率地承认自己的缺点。'"如果我们承认故事有瑕疵，故事就会更可信。

5.确定故事与你的目标保持一致。 虽然故事很精彩，但我们不应该没有目的地讲述。故事应该与实现你的沟通目标保持一致。如果想让听众成为导师，你可能想讲这样一个故事：另一位导师是如何改变一个年轻专业人士的生活的，以及这对双方来说多么有益。也许年轻人学会了如何挑选项目以获得宝贵的经验，而老年人学会了如何使用一些新软件。

下面我们以塞奇的故事为例，讲述如何符合故事的构建模板：

1 让听众认真听演讲	2 激发洞察力、鼓励发现	3 提供回报
介绍一个讨人喜欢的主角。 + 制造紧张气氛。 塞奇的愿望：大规模生产冲浪板，并在全球销售。 塞奇面临的挑战：她需要资金，但不想负债，这与她的愿望产生了矛盾。	提供一个解决方案，让听众有所收获或者能从中得到教训。 塞奇了解了股权融资，以及通过粉丝吸引潜在投资者的重要性。	化解紧张，包括鼓舞人心（或排斥）的结果。 + 能自圆其说，将故事与你掌握的更广泛的信息联系起来。这样做可以确保你说得有道理！ 塞奇筹集到了资金，销售额涨了10倍。 筹集资金的渠道有很多，包括你的粉丝。

贯穿整个故事的共同线索：
· 添加质感和细节。（塞奇是冲浪冠军，家住圣克鲁兹，其品牌名叫"立普林"。）
· 设计充满感情色彩的对话。（"我想看到我的冲浪板宝贝们出现在世界上最好的海浪上"和"简直无与伦比！"。）
· 确保真实。（塞奇是你的客户，你负责安排私人融资，所以由你来讲这个故事是说得通的。）
· 确保可信，避免夸张。
· 确保故事与你的目标保持一致。（这个故事强化了演讲者向听众普及股权融资和人际网络的目标。）

你应该讲多少个故事？

一般情况下，TED100强演讲者在前18分钟的演讲中会讲述2个故事——一个是演讲者亲身经历的故事，另一个是从别人那里听来的故事。你可能至少要讲1个。

最优秀的演讲者会用令人难忘的简短故事来丰富他们的演讲。事实上，最有力的演讲往往不过是一连串这样的小故事，由一个大纲松散地串联起来，为的是支持一两个大的观点。

——汤姆·彼得斯（斯坦福大学商学博士、麦肯锡公司前合伙人、畅销书作家、演说家）

你可能会想："我不卖冲浪板。如果我卖过，就有很多故事可以讲了。可是我没卖过。我讲的都是干巴巴的概念。"别着急。

假设你必须要讲统计数据。我得先向统计学家们道个歉，这个世界上我最不想看的书就是有关统计学的，除非是迈克尔·刘易斯写的。他写过一本《魔球：如何赢得不公平竞争的艺术》。这本书曾风靡一时，还被改编成一部由布拉德·皮特主演的电影，并获得了6项奥斯卡提名。作为一本有关统计学的书，它已经很好看了。

在这本书中，刘易斯讲述了奥克兰运动家队总经理比利·比恩利用统计数据，奋力击败纽约洋基队这种薪资总额是他们队的3倍多的球队的故事。刘易斯很快就让你站到了比恩这一边。虽然比恩争强好胜，但你知道，作为一名职业运动员，他非常谦卑，他还是女儿的好父亲。比恩领着微薄的薪水，却渴望打败薪水丰厚的大牌球队，两者之间存在矛盾。你希望比恩能赢。就算他的队伍没有在世界职业棒球大赛中取胜，目睹他努力的过程也很令人兴奋。刘易斯通过讲述小人物奋斗的故事，告诉我们用好统计学能赢得不公平的竞争。找到你的"比利·比恩"，你也可以把枯燥的话题变得生动起来。

保密性

如果你担心泄露客户信息，有几个做法可供选择：征求客户的允许再讲述故事、删除或更改关键信息（例如姓名、行业、数据），或者干脆虚构案例——这个稍后再讨论。

故事类型

以下是3种不同类型的故事，你会发现，在工作场合讲述这些故事，效果还挺不错的。

1.假设：虚构故事，印证你的观点。不得不说，税务律师通常不是最吸引听众的演讲者，幸好有大卫这样的异类。他身材高大，戴着老花镜，脑袋锃亮，是一位在纽约从事法律工作的音乐人。大卫不是那种刻板的税务专家，他在谈论税收合规问题时赢得了满堂彩。

他站在一群非税务专业人士面前，对他们说："我带你们认识一下布巴。现在假设我来自美国得克萨斯州，所以我可以自豪地用布巴这个名字。[1]布巴已经在欧洲生活和工作了10年。现在我们假设布巴投资了IBM的一些股票，他以每股10美元的价格买入，再以每股110

---

1 布巴特指美国南部未受过教育的白种男人，而得克萨斯州是美国南部最大的州。——编者注

美元的价格卖出。"

随着故事的展开，大卫在白板上写下了布巴居住过的一连串地名，以及他在那些地方的投资："布巴喜欢上了勃艮第葡萄酒，最后在法国波恩买了一栋别墅，他和他养的斗牛犬布奇住在那里。当阿里巴巴公司以每股68美元的价格首次上市时，布巴忍不住买了阿里巴巴的股票。"

然后，他问听众："布巴已经有20年没在美国生活了，但他必须在美国缴纳什么税？"

不出所料，听众们都答错了。大卫继续解释为什么美国人会因为海外账户税收合规法案而多了一项纳税义务。

大卫有个合伙人坐在听众席，他说："这是我听过的最有趣、最能增长见闻的有关税收的演讲。"

把抽象的话题变得有趣很难，但如果你虚构一个场景，把主角从一群人（美国侨民投资者）换成特定的人（住在波恩的投资了阿里巴巴的布巴）来吸引听众，你就能脱颖而出。

虚构场景，用具体某个人的故事取代群体故事，牢牢地抓住听众的耳朵。

2.隐藏的案例研究：用讲述故事的方法去解决生活中的问题。我们最不想面对的窘境就是当众丢脸。这也是让罗宾害怕的事，他给我打来电话，说："我被塞了个烫手山芋。我要是讲了这个话题，准得'死'在舞台上。"

罗宾有3个孩子。他可能会是第一个承认自己忙得根本没有时间打理自己的鬓发，甚至没有时间清洗架在鼻梁上的玳瑁眼镜的人。他最近刚刚成为公司的合伙人，急于树立自己的形象，所以，他请营销部门的同事帮他争取演讲的机会。现在机会来了，他却开始害怕了。

我让他多说一些自己的情况。"我的话题不仅枯燥乏味，而且听众的兴趣也有限。我必须在纽约和400名国际专利律师谈谈加拿大在保护创新方面的变通经验，即把所谓的'先发明制'修改为'先申请制'。你有什么感觉？"

"听起来有点儿难搞。"我说。

"我还没说完呢。在一整天的会议中，我演讲的时间最糟糕——下午1点30分。这个时候，会场里的人都刚吃了午饭，正昏昏欲睡呢。而且，会让我'死'得更惨的是，公司高层领导届时都会坐在听众席看着我'自我毁灭'。"

他深吸了几口气，又笑了几声，开始着手准备。他虚构了2个想要保护自己作品的发明家，一个叫让-雅克·卡努克，是个加拿大人；另一个叫扬基·杜德尔，是美国人。两人都发明了用猪肉制成的护身服：加拿大人用冷冻培根制作了一件曲棍球防护装备，除了防弹功能，它还有一个好处，就是可以解冻后煮熟，然后在比赛结束后食用；美国人用猪腩制成了防弹背心。他简要介绍了两个发明家将如何保护他们的发明——在美国要遵照"先发明"原则，在加拿大要遵照"先申请"原则，以此解释加拿大过去的原则、加拿大和世界其他地方现在的原则，以及美国有朝一日可能采取的原则。

在那天下午的咖啡时间，听众走到罗宾身边，主动评价道："你的演讲真让人耳目一新啊！我学到了一些东西，而且很有趣！"

罗宾的案例提醒我们，如果你的演讲情况看起来很糟糕，有时候你并不需要超人的斗篷，只需要一点儿虚构场景的创造力。它可能不是真实的，但它可以把一个枯燥的话题变得有趣、有料。

假设没必要编成故事，它们可以作为真实的例子。TED100强演讲者每3分钟就会使用1个非故事的假设场景。

罗宾的演讲，或者说我讲的罗宾的故事，读起来像案例研究吗？不像。但两者都是用故事来包装的。

我在故事的第一部分概述了罗宾的处境，并制造了紧张气氛（听众对话题不感兴趣、演讲时间不合适、公司高层领导坐在台下对他进行评判）。解决办法是用虚构的发明者来解释不同的知识产权制度是如何运作的。结果是赢得了听众的积极反馈（学到了一些东西、很有趣）。

这个案例研究，可能会让一些读者的内心活动迅速从"这听起来像是我可能会遇到的情况"转变为"我也想要那样的结果"。案例研究引出的强有力的信息就隐藏在故事当中。

如果案例研究对你的目标和听众的需求都很有意义，那它可能就很适合用来培养和激发你的自信，以及你对自己观点的信心。案例研究不必听起来像是为科学杂志准备的。用故事包装案例，会迸发出更多的火花。

将虚构的案例研究编成故事，让枯燥的话题引人入胜。

下面以罗宾讲述的猪肉发明家的故事为例，讲述如何符合故事的构建模板。

1 让听众认真听演讲	2 激发洞察力、鼓励发现	3 提供回报
介绍一个讨人喜欢的主角。 + 制造紧张气氛。 罗宾的愿望：提高知名度，做好演讲。 罗宾面临的挑战：听众对话题不感兴趣，公司高层领导坐在听众席听演讲。	提供一个解决方案，让听众有所收获或者能从中得到教训。 罗宾虚构了两个发明家，利用他们来解释每个人如何在各自的国家保护自己的知识产权，并以此来解释不同的方法。	化解紧张，包括鼓舞人心（或排斥）的结果。 + 能自圆其说，将故事与你掌握的更广泛的信息联系起来。这样做可以确保你说得有道理！ 罗宾收到了听众主动提供的正面反馈。

贯穿整个故事的共同线索：
· 添加质感和细节。（罗宾是3个孩子的父亲，戴着玳瑁眼镜；下午1点30分在纽约向400名专利律师发表演讲；让－雅克·卡努克，扬基·杜德尔，猪肉做的护身服。）
· 设计充满感情色彩的对话。（罗宾说："我演讲的时间最糟糕……'自我毁灭'。"听众说："你的演讲真让人耳目一新啊！我学到了一些东西，而且很有趣！"）
· 确保真实。
· 确保可信，避免夸张。
· 确保故事与你的目标保持一致。（这个故事强调了你可以用假设的场景让枯燥的话题变得引人入胜。）

3. 类比：用相同的故事转换视角，创造可能性。如果能领养祖父，本杰明·詹德会是很多人的首选。他在会场里激情迸发，满头银发都竖起来了，仿佛带着静电。他是波士顿爱乐乐团及其青年乐团的音乐总监，也是《可能性的艺术》一书的合著者。他致力于帮助他人看到并追求更光明的未来。他是TED100强演讲者，2008年，他的演讲《古典音乐改变人心的力量》吸引了大批TED听众。他还当众打了个堪称经典的比方："可能很多人都听过2个推销员的故事。他们20世纪时被派去非洲，打探是否有卖鞋子的商机。不久，他们俩都给曼彻斯特发回了电报。其中一个人写道：'现实无望。停止计划。他们不穿鞋。'另一个人写道：'绝好的机会。他们还没有鞋子可穿。'"

詹德明确地用类比的方式将鞋子与古典音乐联系起来："有些人认为古典音乐正在消亡。而有些人则想：'好戏还在后头呢。'与其探究统计数据和趋势，我倒觉得我们今晚应该做个实验。其实也不算什么真正的实验，因为我知道结果是什么。"

詹德继续向听众展示古典音乐会如何改变他们。他不只是站在听众面前，而是和他们站在一起。他让全场1600名听众哼唱某首肖邦作品的最后一个音，大多数听众都以为自己五音不全，但是他们第一次哼唱并没有跑调。最后，詹德又说了另一个关于鞋子的故事，将自己的论点联系在一起，让听众燃起了欣赏和分享古典音乐的激情。这太棒了。

要了解商业领域里用故事类比的力量，不妨看看谷仓效应[1]。

在专业服务领域，有一个价值数十亿美元的挑战：如何让一群处于谷仓效应下的专业人士改变他们跨领域合作的方式？我们随处都能看到谷仓效应，例如许多患者在医院里不知道该找哪方面的专家，也不知道如何分享正确的信息。

在世界知名的梅奥医疗集团，做事的方式截然不同。他们有一种立足于团队的方法，即组建一个团队，仔细研究每位患者的需求，为

---

1 指组织内部缺少沟通，部门间各自为政，没有水平的协同机制，就像一个个谷仓，各自拥有独立的进出系统，但缺少了谷仓与谷仓之间的沟通和互动。这种情况下，各部门之间未能建立共识，无法和谐运作。——编者注

的是能够提供更优质、更周到、更协调的护理。

几十年来，许多咨询师、会计师和顾问都专注于为客户提供各自的服务，而不是互相协调。在他们当中，很少有人能提供丰富多彩、无可挑剔的服务。这个世界需要少一些"谷仓"，多一些"梅奥"。

如果你是米奥，在一家员工超过1万人的公司里工作，你的职位是人才主管，你要谈的是餐厅问题——不是普通餐厅，而是丹麦哥本哈根的诺玛餐厅和美国纽约的麦迪逊公园11号餐厅这样的高级餐厅。那么，该如何改变员工的谷仓式思维模式呢？

米奥是一名高管，她身上穿着的鲜艳印花夹克和那股积极向上的感染力，很对那些有权势者的胃口。她站在一个T形舞台上，问台下的2000名同事："你们会如何改变高级餐厅？如果和大多数人一样，你们的思维就离不开以下2条路线：要么专注于用餐体验，要么专注于厨艺本身。"她解释说，在过去，餐厅总是由上述2个方面中的一方主导，而不会两者兼而有之。直到大卫·哈姆和威尔·吉达拉成了搭档——他们的餐厅刚刚登上了世界50家最佳餐厅排行榜的第1名。"他们的餐厅也多了1颗米其林星。"米奥说。

随后，米奥介绍了他们的新方法背后的故事，以及这种新方法是如何营造令人难忘的用餐体验的。哈姆是一名厨师，曾在欧洲多家高级米其林餐厅工作过，比如位于瑞士阿尔卑斯山区的中世纪大学城圣加仑附近的Gasthaus zum Gupf餐厅。当他打算买下麦迪逊公园11号餐厅时，他意识到自己需要找一个合伙人而不是员工来经营餐厅。在高级厨房工作面临的压力和对完美的追求不是一般人能承受的。此前，哈姆在一家高级餐厅的后厨工作了6年，每天工作16个小时。他一次也没有进过餐厅，不知道自己做的食物从厨房送到餐厅后发生了什么。

　　与其他主厨不同的是，哈姆认为，我们对食物最美好的回忆是和我们爱的人在一个美好的环境里留下的。但食物本身并不能创造记忆，一切都必须相互配合。于是，他找来威尔·吉达拉合作。吉达拉从小在高级餐厅里长大，对服务行业充满热情。两人的合作创造了奇迹。米奥看了《名利场》对这对搭档的采访，对他俩有了一定的了解。她解释说，他们认为餐厅是食客们相互联络感情的地方，他们设计的用餐体验就是为了鼓励这些行为。"他们把切了一半的面包放在餐桌中央，这样一来，每个人都必须伸手去掰开面包。"米奥一边说，一边把手臂伸到想象中的餐桌中央，"有时候他们还会组织食客玩游戏，比如'猜猜是哪种奶'。他们拿来4块巧克力，每一块都是用不同的奶做成的，有牛奶、山羊奶、绵羊奶和水牛奶。食客们必须猜每块巧克力用的是哪种奶。这类游戏营造了一种亲密的用餐体验，是拉近人际关系的情感纽带。"

　　听了米奥的描述，你一定很想坐在那张餐桌旁对不对？食客们渴望的不仅仅是美食，还有真诚的人际交往，而哈姆和吉达拉正好为食客们提供了这样的机会。他们认识到，有些戏法是可以预先设计好的，但一些最深刻的体验是在脱离剧本的前提下营造出来的。米奥说，他们的员工中有一个"梦想编织者"，他唯一的工作就是创造奇妙时刻。她把这部分也放在了演讲里：

　　　　吉达拉说："在这个越来越需要魔法的世界，我们希望我们的餐厅能有一点儿魔力。"有一家人和他关系不错，从欧洲到纽约旅行，其中一人对他说："哥们儿，这次来纽约旅行是我感觉最棒的一次。我们去过的那么多家餐厅都令人叫绝，唯一没尝过的就是纽约街头的热狗。"

米奥解释说，吉达拉在演示"梦想编织者"的含义时，对他的搭档说："大厨，我知道你花了20年时间精进厨艺。但是我真的有点儿想去外面的街头摊位上买份热狗，作为下一道菜，端给食客。"

米奥强调，他们之所以能这样做，是因为合作伙伴之间的相互信任。后来，哈姆把这道菜做得很养眼，并在上桌前加了点儿他自己做的酸菜和调味品。经过一番努力，这道菜成了食客眼里最美味的一道菜，其中热狗是亮点。"吉达拉说：'即兴发挥的时刻总是令人难忘。所以要训练员工留神倾听那些时刻。'"

这个时候，米奥的听众完全被她吸引了，听得很入神。可以想象，他们中有些人可能想知道，这些和"猜猜是哪种牛奶"以及"加了酸菜的街头热狗"有关的交谈与他们的咨询服务有什么关系。米奥的回答是："我们需要训练员工学会倾听和随机应变。我们必须认识到，如果只向市场提供一种服务，就是在对用餐体验设限。"她停顿了一下，接着说，"正是因为餐厅的热情好客和厨房的相互配合与信任，我们才能为食客提供无与伦比的服务。"

米奥走下舞台后收到了许多合作伙伴的邀约，并希望她能在其他平台再次发表演讲。她的同事们写道，她的演讲主题引起了合作伙伴的共鸣，他们打算第二天与团队讨论"梦想编织者"的计划。整个会场里到处都是用左脑思考、看数据说话的专业人士，他们对这个故事做出了回应。

好故事总胜过好报表。

——奇里斯·萨卡（天使投资人）

用故事做类比来解释策略、梳理逻辑。

类比和比喻

讲故事可以用类比，但类比不一定必须出现在故事中。比喻和类比都不新奇。从丘吉尔的"铁幕"，到马丁·路德·金的"我曾经到过山顶……看到了乐土之所在"，历史上最伟大的演讲都富含比喻。但是，大多数人的言谈中往往缺少比喻，导致错过了清晰表达和令人难忘的大好机会。

乐团"杀人"和疯狂的指挥

假设你正站在指挥台上，背对听众，面向全世界最伟大的管弦乐团的100名成员。你会如何告诉他们接下来要演奏一首更有力度的曲子呢？

如果你是古斯塔夫·杜达梅尔[1]，你会用力挥舞指挥棒，把这种强

---

1 出生于委内瑞拉的指挥家，美国洛杉矶爱乐乐团的音乐总监。——编者注

度比喻成用刀凶狠地刺向某人。"对，就是这样。"他挥舞指挥棒，做了一个刺人的动作，"但是血不是流出来的，"他补充道，"血要喷到你脸上。"他举起双手，做出血喷射到他脸上的动作。

杜达梅尔面朝乐队站着，穿着一件黑色的紧身T恤，衬托出他的健壮身形。他示意乐队再次演奏，挥舞着指挥棒，激情迸发，好似举着砍刀，手起刀落，骨碎筋断，满头鬈发在荡气回肠的音乐中疯狂舞动。他嘴里的咕哝声你可能在网球场上听过，但绝不曾出现在音乐会舞台上。

他们停了下来："现在我们看到血了！好多血！"

杜达梅尔才华横溢，26岁时就在米兰的斯卡拉歌剧院和梵蒂冈的斯图加特广播交响乐团担任指挥，还在卢塞恩音乐节上指挥过维也纳爱乐乐团。他在27岁时得到了洛杉矶爱乐乐团指挥的工作——这个位置上通常是本杰明·赞德[1]这样的老手，而不是一个说西班牙语的年轻人。

如果看过杜达梅尔的传记，你会知道他有深厚的古典乐基础。但如果看过他与人交流，你就会明白他是如何让一支专业乐团以听众喜爱的方式演奏的。正如我们看到的，比喻是他使用的重要工具之一。

我被杜达梅尔在电视上的表演深深吸引，于是查询了他的巡演日期，并买下了我人生中第一张多伦多交响乐团的门票——我是去看他怎么指挥的，而不是去听音乐的。他很迷人，古典音乐也从来没有这么好听过。

---

1 波士顿爱乐青年管弦乐团的指挥和音乐总监，以其对音乐的独特见解而闻名。——编者注

在杜达梅尔的案例中，比喻的作用非常强大，尤其是在提到抽象事物时，比如如何演奏更有力度的曲子。TED100强演讲者平均每3分钟就使用1次比喻，但是我的客户中很少有人能做到这一点。如果你能做到，比喻可以把你推向更大的舞台。

为什么比喻的效果这么好？原因有很多，下面就深入研究一下。

果冻甜甜圈和你的诊断

"你知道吧，'doctor'在拉丁语中写作'docere'，意思是'教学'。我很认真地对待这部分工作——不仅仅是对医学院的学生，对病人也是一样。"当我感谢道格·理查兹博士解释问题总能一针见血，而且态度一点儿也不傲慢时，他是这样回答我的。

理查兹自1989年起一直担任多伦多大学大卫·麦金托什运动医学诊所的临床主任。他似乎总是穿着熨不平的棉质衣服。虽然衣服可能没有熨烫过，但他的沟通能力总是让人印象深刻。

我们大多数人都会在某个时候接受医生的重要诊断。如果说哪天我们想清楚地了解一位专家，那一定是在他们告知我们的身体里发生了什么的时候。接下来看看如何使用比喻技巧。

例如，你刚买了一个中世纪风格的柜子，准备用来放电视，结果你在搬柜子的时候滑倒了，扭伤了背部，导致腰椎间盘突出。对于你的症状，理查兹博士可能会解释说，腰椎间盘是脊椎中两块椎骨之间的缓冲垫。它的外层更坚硬，内层更柔软，就像一个微型果冻甜甜圈。你的情况是，甜甜圈的外层破裂了，一些果冻突出来压迫神经，这就是腰椎间盘突出。

类比和比喻是消除专业鸿沟的最有效方式之一，因为它们利用了听众能理解的平行参照框架。在诊断过程中听到有人提起甜圈圈，也许我们的心情还会变好。

使用类比和比喻来消除专业鸿沟。

巴菲特谈遭受打击

如果你对股市稍加关注，就会发现某些股票在短期内往往很受欢迎，而且价格特别贵。我们已经在各种媒介上看到过这种情况。你会如何解释股票价格的短期和长期表现？

"从短期来看，市场是一个投票机器；但从长期来看，市场就是一台称重机。"这是沃伦·巴菲特的解释。虽然许多人可能会用希腊字母写的公式来解释波动性、谈论偏离均值，但巴菲特的解释非常清楚，足以让那些受到短期波动打击的人冷静下来（对那些有更多背景知识的人，他也会用希腊字母写的公式解释——如果你缩小了目标范围，就会想到这一点）。

巴菲特被公认为世界上最伟大的投资者。他天生就具备清晰生动地解释复杂思想的能力。像巴菲特这样的投资者，在刚刚起步时都需要资本配置。他们是如何得到资本的？答案是，通过能让人产生信心的清晰的沟通。

"优秀的投资组合经理比比皆是，会推销的优秀投资组合经理往往身价数百万美元。"加拿大最大的投资公司之一CI Financial的主席比尔·霍兰德如是说。以巴菲特为例，他是少有的能把复杂概念解释清楚的专业人士。他建造了一个巨大的"飞轮"，其动力来自他的投资业绩和清晰表达观点的能力——他通过娴熟地使用类比和比喻来做到这一点。

用类比和比喻让你的股票上涨。

威浮球[1]还是实弹

无论是在舞台上演讲，还是在日常生活中对话，你都可以用比喻来营造轻松、幽默的气氛。杰瑞·宋飞做了一点儿关于已婚人士无法与未婚人士相处的研究。"我不能和单身男人在一起。你没有妻子，我们没什么好谈的。你有女朋友吗？那是'威浮球'，朋友。你在玩彩弹大战，而我在阿富汗，手里拿的是上了膛的真枪。"

使用类比法来增加个性和幽默感。

如果你为了简历好看而继续做你根本不喜欢的工作，
我觉得你一定是脑子进水了。这是不是有点儿像把
你的性生活省着留到晚年再用？
是时候去做你想做的事情了。

——沃伦·巴菲特

---

1 一种改良过的安全类棒球，由塑料做成，上面有8个风孔，内部是空的，打不远，但不容易让人受伤。——编者注

从功勋卓著的领袖那里学到的经验

曾担任美国国务卿、参谋长联席会议主席和国家安全顾问的科林·鲍威尔结束政治和军事生涯后，写了2本回忆录，并开始了演讲生涯。在关于领导力的演讲中，他告诫人们不要受他人影响。他说："不要被专家和精英蛊惑。专家往往掌握更多的数据而不是判断。精英可能成为'近亲繁殖者'，甚至生出'血友病患者'——这些人一旦被现实世界所伤，就会失血过多而死。"这段话里用了多少个比喻？

使用比喻，让你的信息生动起来。

头部、尾部还是躯干？

我们来玩单词联想游戏吧。当你想到"科技公司的设计副总裁"时，脑海中浮现的第一个词是什么？如果这个人是乔恩·拉克斯，你会说这个词是"战略家"。我在前文中提到过，拉克斯是设计公司Teehan+Lax的创始合伙人之一。2015年1月，Teehan+Lax被一家硅谷的公司收购了——每个月全球有三分之一的人口都在使用该公司的平台。

如果世界上有很大一部分人都在使用你的产品，你该如何决定为谁构建及构建什么呢？拉克斯的工作就是回答这个问题。有一次，他在便笺上写下了公司应该优先关注的内容。在这张纸上，他用幂律曲线的头部、躯干和尾部来定义3个主要的细分市场。

位于头部的公司规模大、技术成熟，位于躯干的公司规模中等，尾部的则是小型夫妻店。拉克斯解释了每种类型的需求，以及为他们开发产品的时机和顺序。他的笔记在公司高层之间被传阅，很快，他就登上舞台，在公司最大的部门组织的全球聚会上解释头部、躯干和尾部的概念。听众采纳并使用了他的这种"解剖"速记法。

用类比来理清思路，形成策略，为你的简历增色。

走向市场之前，先掌握比喻的技能

"我不会告诉你怎么写故事，所以你也不要告诉我如何推销我的公司。我懂营销。"Salesforce公司[1]的创始人马克·贝尼奥夫对一个向他提供营销建议的人如是说。

20年间，贝尼奥夫将该公司的市值提升到超过1600亿美元。是的，他懂营销。早些年他会说这是亚马逊和赛贝尔系统（一家传统软件巨头）的较量。"我们的故事是，邪恶的大型软件公司从客户那里勒索了数百万美元，互联网是来拯救这些客户的。"贝尼奥夫把他的产品和大家已经熟悉的产品联系起来。

被问及企业家最常犯的营销错误时，他说："在与媒体打交道之前，要先弄清楚你要用的比喻。这不是什么漂亮话。比喻要很容易理解……记者们会在他们写的报道中引述你的比喻，因为他们自己想不出来。比喻可不容易搞定，也不是微不足道的小事。我在这上面花了很多时间，因为我认为这是传递信息的关键。"

---

1 一家客户关系管理软件服务提供商，总部设于美国旧金山。——编者注

通过比喻传递正确的信息。

**想在复杂的政策问题上开展宣传攻势，就好比想在
糖果店里卖蒸孢子甘蓝。**

——特里·奥莱利（海盗电台创始人，《喝醉了》制片人）

发表演讲时用好比喻是很重要的。正如贝尼奥夫指出的，比喻很难构思。下面就来研究一下如何构思比喻。

你是怎么想到它们的？

大多数人使用类比和比喻会遇到2个难点。左脑型思维者会很难构思。我听过很多人说"我就是不擅长"，另一些人则认为需要完美的比较，否则他们不会用比喻。

有一个有助于创造可能性的简单问题：在生活中，你还在哪里看到过与你想谈论的概念类似的东西？请仔细思考你生活中的各个方面，寻找两者的相似之处。

我有一个客户是某公司的领导，曾在公司的800名合作伙伴面前发表演讲。由于公司的业绩增长相当可观，他担心许多合作伙伴会认为他们已经实现了收入最大化，从而变得自满。他认为，在未来的1年时间里，公司的业绩还有提升的空间。这种情况使他想起了自己在阿尔卑斯山骑自行车的经历——他蹬着单车，花了几小时沿着蜿蜒的山路向上。他无数次以为自己已经登顶了，可每当他转过弯道，就会发现前面还有一段很长的路。之前那些他以为的山顶，只是看起来

像，其实都不是真正的顶峰。

他把这次经历与他们的事业做了比较。他们努力工作，奋勇攀登，并取得了一些成绩。但这些成绩都是暂时的、虚假的顶峰，他们还在向着更高的山峰前进。他的这一做法很有说服力，让他的合作伙伴们明确了立场，也让他变得更通情达理——他将个人生活中的激情与公司的未来联系在了一起。

在生活中，还能在哪些地方看到与自己心中所想类似的东西？

类比和个性

演讲时，你承受的压力越大，你的个性就越不容易展现出来。当你从个人生活中挖掘类比和比喻时，你的个性就会更多地显现出来，这可以加强你与听众的联系，加深他们对你的印象。维贾伊的例子就是证明。

维贾伊是我在西雅图的一位技术客户，他曾对着1000多名同事发表演讲。"这是板球。"他开口说道，"这项运动看起来有点儿像棒球，其实不一样。我从小就玩板球，观看板球比赛。我说的观看，是一直看、一直看、一直看——板球比赛有时候要持续5天才结束。"

他向台下的听众展示了一张墨尔本板球场的照片，那里可以容纳10万名前来观看22名球员比赛的球迷。他描述了球场里充满活力的生态系统：小贩向球迷出售食物、饮料和纪念品；球迷通过欢呼与球员互动；球队总经理坐下来招聘和交易人才。他解释说，球场是所有这些联系的平台，就像他的团队正在搭建的在线平台一样，可以帮助其他人建立有意义的联系和交易。板球场的比喻让听众了解了维贾伊所说的在线平台，了解了他们企业的战略，更重要的是，让听众了解了维贾伊这个人，也了解了他作为领导者的一面。

挖掘你对类比的热情。

压力之下

以相关的方式挖掘你的个人生活，可以用一种令人注目和人性化的方式来搞清楚你为什么要做你在做的事情。

"在我大约10岁的时候，妈妈给了我第一块手表。"一位工作经验有限却激情十足的年轻员工说道，"几天后，我把手表拆了。当妈妈问我'你的新手表呢？你表妹半小时后过来，到时候你给她瞧瞧可好？'的时候，它正支离破碎地躺在我的抽屉里。"

这个年轻的女孩把手移到衣领上，说："我当时能感觉到自己脖子的温度在上升，额头上的汗珠滴落下来。我不能告诉妈妈我把新手表弄坏了，所以我匆忙跑回自己的房间，把它重新组装起来。"她停顿了一下，笑了笑，压低声音说，"29分钟后，我组装成功了。"听众们也跟着笑起来。"在那一瞬间，我迷上了顶着时间紧迫的压力解决问题的感觉。这就是我现在热爱工作的原因。"听众们纷纷点头。"我帮助濒临破产的公司扭亏为盈，我喜欢这样的工作。现在，我尽量不给自己制造麻烦，我只帮别人'修理坏掉的手表'。"

你能否也谈一谈人生中的某个时刻——你从中得到了一些启示，它指引你找到了当前的工作方向。这可能会是介绍你自己、你所做的事情或者你想聊的事情的一种更有趣、更令人难忘的方式。

对个人的奋斗、发现和顿悟进行深思。

其他人的生活中还有什么？

从你自己的生活中找到类比和比喻的例子是最合适的，因为你可以自如地进行对比。如果你在自己的生活经历中找不到比喻的例子，那就扩大你的思考范围。问一问台下的听众，在他们的生活中，有哪些与你所讲的观点相似的例子。

我听过一位演讲者大谈特谈蜡的重要性。他问听众："哪个国家主宰着越野滑雪运动？"没有人知道答案——台下的听众多半喜欢的是橄榄球和夏季运动。他回答道："是挪威。几十年来，挪威人一直占据着越野滑雪比赛的领奖台。他们在这项运动中展现的实力一部分靠传承，一部分基于维京人的生理机能，还有一部分靠的就是蜡。"他对关于蜡的学术思想侃侃而谈，没过几秒，听众就开始坐不住了。"你们有人骑自行车吗？"很多人点头。他说："滑雪板蜡没打好就去参加越野滑雪比赛，就像骑自行车时轮胎没气了一样糟糕。所以，挪威在参加上一届奥运会时带去的打蜡师不是1个，而是30个，因为这项工作实在是太重要了。"听众立刻就听懂了他的意思。

和朋友、同事，甚至是听众沟通时，可以集思广益，问问他们在别人的生活中还看到过哪些与你所说的类似的例子。他们的一些想法可能比较奇特，或者跟你的观点截然不同，甚至是一个不怎么样的点子，但也完全有可能刺激你想出一个好主意。

你也可以问问那些站在不同视角的人会有哪些心得，比如你可以去请教科学家、艺术家、运动员或电影导演。否则，你的"铁幕"[1]即将落下。

与他人从不同的角度进行探索。

降低标准

我经常问我的客户，他们会如何向一个非常聪明的高中生解释自己的观点。也就是说，面对一个才智出众但不了解事情来龙去脉的人，应该如何解释。回答很可能会包括类比或比喻。有时，不完美的比较比完美的比较更令人难忘。

承认不完美完全没有问题，比如，"这让我想起了一点……"或者"虽然不完全一样，但我把它比作……"。降低寻找完美比较的门槛，可能就会提高沟通的质量。

拥抱不完美，创造可能性。

---

1 原意为封锁某国家或某集团，后指某国家或某集团对自己实行铁桶似的禁锢。这里指的是切断与他人的联系，变得孤立。——编者注

引述

引用经典语录是老练的演讲者常用的一种策略。这个策略由来已久，但是许多人并没有做到尽量多地使用正式或非正式的语录。你很可能也有这样的问题。

增加权威性

女演员简·方达在她80岁的时候发表了TED演讲。在鼓励听众将心态转向"生命的第三幕"时，她引用了维克多·弗兰克尔的经典著作《活出生命的意义》中的一段话："人所拥有的任何东西都可能被剥夺，唯独人性最后的自由——也就是在任何情况下选择自己态度的自由——无法被剥夺。"接着，她进一步阐述了这一权威说法，她说："决定我们生活质量的因素正是这个，而不是我们是富有还是贫穷，是赫赫有名还是默默无闻，是健康还是衰弱。决定我们生活质量的是我们如何面对这些现实，我们赋予它们什么样的意义，我们对它们持什么样的态度，我们允许它们激发什么样的精神状态。"

你可以使用引文来满足各种需求和客户的期望。我的一位客户曾说，她的一位客户对她说："我们可不喜欢在付了5万美元的款项后，还要多付1美元为1袋奇多玉米棒买单。"这不是什么莎士比亚式文绉绉的话，而是一种让人充分认识到从客户的角度出发审查账单的必要性的令人羞愧的说话方式。

利用他人的权威来强化你的观点，更能打动听众。

启发灵感

　　在机场旁一栋典型的彩色玻璃墙写字楼里，有一行字印在一面约3米高的墙上："我来这里不是为了做个平庸的人。"那栋写字楼里的人一点儿也不平庸，他们是我25年来见过的最优秀的营销人员——这是我以亨氏食品公司前品牌经理的身份说的。墙上的这句话对他们起了作用。为什么呢？这句话本身没什么特别的，但如果它出自迈克尔·乔丹之口，又会给人什么样的感受呢？ NBA官网上这样写道："众望所归，迈克尔·乔丹是有史以来最伟大的篮球运动员。"经乔丹之口，"我来这里不是为了做个平庸的人"这句话就会承载更多的力量，给人们更多的启示。虽然我的客户的核心业务是市场营销，但他们主要交付的对象是人。他们知道如何引导别人——引用值得信赖的大人物的话是他们战术的一部分。

　　即使是NBA职业球员也需要启示。著名的圣安东尼奥马刺队的更衣室的墙上挂着雅各布·里斯的话："一切都看起来无济于事的时候，我去看一个石匠敲石头。也许他一连敲了100次，石头都完好无损，但当他敲第101次的时候，石头裂成了两半。可我知道，让石头裂开的不是那最后一击，而是前面的100次。"

借用他人的金玉良言来激励你的听众。

借用经典名言

　　娜塔莉登上蒙特利尔宴会厅的舞台，对着400人发表演讲，这些人都是她的公司在全国各地的数千人团队的领导者。娜塔莉有着田径运动员的体格，留着一头优雅的鬈发。她更喜欢说法语，但团队的大多数成员都不会说，所以她用英语和他们交谈。娜塔莉对每件事都有很高的要求，包括语言，并为自己不能用第二语言发表演讲而感到沮丧。

当她试图传达承诺的重要性时，引用了苏格兰登山家威廉·H.默里的话："一个人在做出承诺之前，会犹豫，会有退缩的机会，总是效率低下……当一个人下定决心做出承诺时，天意也会随之而动。会发生各种各样的事情来促成一件本来不会发生的事情。"

然后，她谈到承诺如何成为当天演讲的主题，承诺如何代表她是谁，她对团队的承诺，以及团队要实现未来的愿望所需的条件。在之后的演讲中，她探讨了承诺如何贯穿他们业务的4个关键层面。

很少有人能像默里那样传递承诺的力量。所以，不管你的母语是什么，借用默里的话肯定会有效果。

如果你发现了与你的观点一致的优美语句，那就用起来。

振奋人心的信息

1940年10月27日，《纽约时报》引用了查理·卓别林的一句话："笑是一种补药，是一种解脱，是一种止疼药。"我希望你的听众都远离痛苦，他们可能会在轻松的氛围中找到慰藉，而引述语录就是一个很好的方法。如果你想建议听众不和唱反调的人争论，可以引用斯科特·亚当斯的话："如果你把所有的时间都浪费在和疯子争论上，你会精疲力竭，而那些疯子仍然是疯子。"

引用语录，增加一些振奋人心的信息。

常备经典语录

你会发现，在脑海中储存几句简短的语录，可以在短时间内使用，这很方便。我曾经不止一次在着手做某件事之前，出其不意地抛出这句话来吸引听众的注意："种一棵树最好的时间是20年前，其次就是现在。"这就是一句值得记住的好谚语。

在你的脑海中放几句语录备用。

挖掘他人的智慧

找到合适的语录一点儿都不费劲。打开你最喜欢的搜索引擎，输入关键词或短语，再加上"语录"二字——例如输入"锲而不舍语录"——就等着网络展现它的魔力吧。然后根据语录及其出处，找到符合你的世界观、对你影响最大的词句进行过滤。我刚刚搜索了"创新语录"，就被下面这句话吸引了：

我们耗费时日设计这座桥，
却没有费心思为过桥的人考虑过。

——普拉布乔特·辛格博士（哥伦比亚大学地球研究所系统设计主任）

这句话通过一个具体的例子，强调了创新中同理心的核心原则，还使用了生动的隐喻。这句话表述新颖、不落俗套，而且出处可靠。

有人收藏葡萄酒，有人收藏棒球卡，而我收藏语录。我把辛格的这句话放进了我的"语录备用盒"里。如果碰到自己喜欢的语录，你也可以把它们收藏起来，以备不时之需。

TED100强演讲者平均每10分钟会引用1句语录。但是，如果引用过多，听众只会记住一大堆别人说的话，反而不记得你是谁，也不知道你在想什么。

需要注意的一点是，如果你要使用语录，一定要核实它的准确性。

证据

仅有信念并不令人信服

我曾经和一个人一起工作，他陈述事情时很自信，但观点没多少说服力，因为他的观点都很空洞。空洞的观点是指说的人自信满满，却没有说服力的武断之语，例如"我们对客户的需求反应迅速"。如果将第一人称的断言改成有可考来源的第三方证词，那么这句话就会变得令人信服："某知名品牌的并购主管说，我们是他10年来合作过的反应最迅速的公司。"

避免提出空洞的观点。

给姐夫最好的礼物：使用证据

"你有没有想过，谁会熬夜看电视购物节目并且买东西？"站在公共部门办公室一间沉闷的会议室里，格雷格面对着同事，问出了这个问题。随后，他举起右手说："我会！今天，我想和你们聊聊在失眠的10年里我通过电视购物频道买过的最好的东西。"他倾身向前，小声地说了一句所有人都能听到的话，"是Tilia牌的用来保存食物的真空密封机。"

我也买了这个。听了格雷格的演讲，我第一次受电视购物的"蛊惑"，购买了一台Tilia牌真空密封机，并把它作为圣诞礼物送给了我的姐夫戴夫。戴夫的爱好是吃美食，他喜欢在开市客超市[1]购物。有了Tilia牌真空密封机，他可以买一大块牛肉，切成小块，然后真空密封。他把密封好的牛肉扔进冰柜，笃定地说，之后拿出来煮的时候，牛肉还会像刚买的时候一样新鲜。说起这款密封机，他就像聊到猛龙队赢球一样兴奋。

这款真空密封机的电视宣传片里充斥着各种信誓旦旦的证据，但我没必要看。格雷格对它的认可对我来说就是最好的广告。研究表明，我们非常信任朋友和家人的推荐。在对品牌的信任度下降的同时，口碑营销在我们做决定的时候发挥着越来越大的作用。为什么口碑营销的效果这么好？因为这是一条捷径，它可以让我们从成堆的选项中挑出正确的答案，因为我们了解并信任做出评论的人。

证据是利用第三方的评价来增加可信度、说服力和权威性。当

---

1 美国的大型连锁会员制仓储量贩超市。——编者注

然，它还包括公开的说辞，你可以在你的社交媒体上发布，也可以收录在你的简历和提案中，但还不止于此。在交流中更频繁、更广泛地使用证据，我们都能从中受益。想想最近一次你必须选择对你非常重要的产品、服务或体验时，例如请网络安全专家保护企业数据、购买昂贵的摄影设备、请专家修理大提琴或者带孩子去公园来一次独木舟之旅，你是如何找到合适的产品、相关人员或地点的呢？

在你的评论中加入几条第三方的证据，听众会更容易相信你的观点和能力。

如果不是在凌晨兜售商品，你会如何使用证据？

不要相信我的话：找到证据

如果你想表达一个非常重要的观点，而且真的想得到听众的信任，那就提醒自己："不要相信自己的话，看看某权威人士是怎么说的……"在你的"语录备用盒"里找到那位权威人士说的话并加以引用。你不需要对听众说"不要相信我的话"，它只是提示你要找出证据。

TED100强演讲者苏珊·凯恩在TED上做过一次非常精彩的演讲，主题是"内向者的力量"。她解释说，内向的人在竞争领导岗位时常常被忽视，但内向的领导者通常比外向的领导者表现得更出色。如果她就此打住，这番言论就是毫无根据的武断之语。

不过，你不需要相信她的话。她继续说道："沃顿商学院的亚当·格兰特发现，内向的领导者往往比外向的领导者更能带来好的结果，因为他们在管理工作积极的员工时，更有可能让这些员工按自己的想法去做事，而外向的领导者可能会在不知不觉中对工作过于兴奋而按照自己的意愿行事，其他人的想法就很难出头了。"

试着把"不要相信我的话……"补充完整，并找到令人信服的证据。

令人印象深刻的证据

泰勒·威尔逊看起来像那种在高中会被人欺负的孩子——要不是因为有给同学抄科学作业的能力，他真的会被霸凌。17岁那年，他告诉听众，他14岁时就在自家的车库里建造了一个核聚变反应堆！这太令人难以置信了，这种话可不是每天都能听到的（我14岁时还在琢磨怎么铺床呢）。

在时长3分钟的TED演讲《没错，我造了一个核聚变反应堆》中，威尔逊一开口就提到他的反应堆现在位于内华达大学里诺分校物理系。他身穿衬衣、牛仔裤，打着领带，外面套着一件三件套西服的背心，一口气说出了自己取得的其他成就，包括赢得英特尔国际科学与工程大奖、开发售价数百美元的国土安全探测器——该探测器改进并取代了现有的价值数十万美元的探测器、访问位于瑞士日内瓦的欧洲核子研究中心——世界上首屈一指的粒子物理实验室。当他向听众展示自己给美国前总统奥巴马看他的国土安全研究结果的照片时，听众奋力鼓掌，掌声持续了7秒钟。

仅仅3分钟，我们怎么知道他的发明是否有用？我们不知道，但我们相信威尔逊不仅是一个热爱科学的好少年，还是一个真正的核物理学家，因为引人瞩目的官方证据有力地证实了这一点。如果没有这些强有力的证据，他的身份就失去了可信度，听众也就不会为他起立鼓掌了。

　　世界上最优秀的沟通者都会利用证据。TED100强演讲者每17分钟就会使用1种形式的证据。你也可以尽可能地多使用证据，这样一来，人们就会相信你"建了一个反应堆"的说辞，而不需要你当面分裂原子。

　　引用类似"欧洲核子研究中心"的证据来证实难以置信的说法。

数据

淹没在数据中

　　人们常常过度依赖数据。他们不加分析地大谈数据，听众却不知道该如何处理这些数据。我在从业初期就发现了这个问题。当时，我收到了尼尔森公司的报告。这是一家全球市场研究公司，业务是评估，从我们看的电视节目到我们购买的牙膏，都是其评估对象。他们会走进我们亨氏公司那间没有窗户的会议室，打开高射投影仪，没完没了地播放幻灯片，幻灯片上写满了数据。数据如此之多，以至于尼尔森公司看起来像是根据他们提供的数据量来收费的。

尽管这些以数据为导向的会议次数颇多，但这些会议都没有价值。"我到底该怎么处理这些东西？"这是我的同事们从昏暗的会议室里走出来，在开始分析数据之前普遍的抱怨。分析数据本来是我们付钱让他们做的，如果他们问问自己"那该怎么办"，就会把90张幻灯片移到附录中，让我们把注意力集中在一些有用的见解上。但是他们没有这么做。

不要甩出一堆数据把听众搞得晕头转向的。提前问一句"那该怎么办"，把听众从数据的海洋中解救出来。

数据和死亡赢家

2019年春天的一天，泰伊走在多伦多柯尔那音乐厅木质拱形天花板——这为接待全世界最优秀的音乐家创造了无损的音响效果——下面的舞台上。泰伊不是来演奏的，而是来演讲的。他演讲的时候冷静、坚定，语调周期性地变得激昂。设有1100个座位的礼堂座无虚席，来听他演讲的听众都投资了他和他的合伙人10年前创立的基金，该基金的规模已经超过了300亿美元。

他想鼓励投资者坚持长期投资，这也是为了他们的利益着想。"我听说富达投资集团做了一项内部研究，以确定哪些客户的账户在10年内的收益最好。猜猜是谁拔得头筹？是已去世的客户的账户。其次是什么呢？是那些已经被人们遗忘的投资组合账户。个人投资者的收益一直不佳，因为他们过于积极地管理自己的投资组合，而且买卖过于频繁。"

从这个案例中我们可以知道，如果你想提高投资回报，就得买入，持有、持有、再持有，不要折腾。大量的研究强调了买入和持有的好处，但富达公司做的分析是不可抹杀的：2个令人惊讶的数据点，不需要具体的数字就能呈现。像我这样持有（并一直持有）基金的人，获得的回报就一直超过MSCI（摩根士丹利资本国际公司）国家指数。

泰伊擅长沟通投资事宜，也擅长理财。与许多人不同的是，他知道如何在说话时使用数据。如果不想让听众被大量数据淹没，你该如何选择正确的数据呢？

先确定你要讲的故事，再找合适的数据来讲述。

从驾驶舱到手术室

谈到医疗，人们自然会抱怨候诊时间太长，对政府和保险起到的作用争论不休。但是，该如何切实完善为病人提供的医疗服务呢？这是阿图·葛文德多年来一直致力解决的问题。对我们来说，值得庆幸的是，他在寻找这个问题的答案上取得了进展，他的工作正是拯救生命。

葛文德是毕业于哈佛大学的外科医生、作家和公共卫生研究员。"曾经有一项研究，内容是如果你进了医院，需要多少临床医生来照顾你。答案会随着时间的推移而有所改变。"他解释道，"在1970年，只需要2个全职临床医生；而到了20世纪末，对于相同病情的住院患者，需要超过15个临床医生，包括专家、理疗师和护士。"

葛文德个子很高，他站在TED大会的红毯上，粉色衬衫和蓝色运动夹克下面的牛仔裤略不平整。他在演讲《我们如何治愈医疗》中解释道，这种专业化的发展造成了一种孤岛式的护理结构，在这种结构中，专家之间没有足够的合作。"我们培训、聘用、奖励医生成为'牛仔'[1]。但我们需要的是护理人员，是为病人服务的护理人员。"

这些都是生动的比喻，是葛文德的金字招牌，也是他用数据证实的大胆主张。"有60%的哮喘和中风患者接受了不完善或不恰当的护理。"当他继续提到这个问题的普遍性时，你不禁会想到那些自己认识的患这类疾病的人。"200万人来到医院，感染了他们本来没有的疾病，就是因为有人没有遵守基本的卫生习惯。"

为了找到解决问题的办法，葛文德把目光投向了其他高风险行业，这些行业的专业人员都训练有素，比如摩天大楼建造业和航空业。他们都使用了外科医生没有的一样东西——检查清单。比如，飞行员有一份必须例行遵守的飞行前检查清单。这个简单的工具能帮助专业外科医生做得更好吗？

葛文德的团队创建了一份包含19个要点的清单，完成清单上的事项一共需要2分钟左右。其中包括一些稀松平常的事项，比如确保在正确的时间使用抗生素；还有一些事项完全出乎意料，比如确保手术室里的每个人在每次手术前都要进行自我介绍，因为手术室里的许多人通常是第一次聚在一起工作。他们在世界各地的8个手术室里测试

---

1 指过度强调个人英雄主义。——编者注

了这份清单。结果怎么样？手术并发症发生率下降了35%，死亡率下降了47%。

假设你是一位经验丰富的外科医生，被要求履行清单上规定的事项，但是你没有拿到测试数据。你会改变吗？（大概率是不会的。）但是，一旦拿到数据，你又怎么可能不改变呢？全场都为葛文德鼓掌。下一次你进手术室的时候，可以问问医生，他们是否会履行葛文德的清单上规定的事项。这份清单可能会激励医生们在工作中更加默契地配合，让你的病情好转。

为了鼓励"牛仔"们组成护理队，你需要用正确的数据来支持你的案例。

你带什么去银行？

如果你每年挣12.5万美元，你愿意加薪12%还是1.5万美元？闭上眼睛思考2秒，再做选择。其实结果是一样的，但你必须好好算一算，因为12%这个概念很抽象。演讲的时候，你也要为听众算一算。正如我在初入职场时被告知的那样，你带进银行的是美元，而不是百分比。将百分比换算成单位数量，比如人员的数量或美元的数量，你就赢了。

如果葛文德将降低47%的死亡率转换为一家每年做1万例手术的普通医院挽救的生命的平均数量，那就更好了。

为你的听众算一算。

通过比较创造故事

让我们看看金融界的统计数据。截至2020年9月，沃伦·巴菲特的身价为735亿美元。没错，那是一大笔钱。到底是多少呢？与十多万普通美国人的身价相当；也可以说相当于住在美国印第安纳州南本德的所有人的财富总和。

很难想象10亿这个数字到底有多大。某论坛上一个有趣的帖子解释说，100万秒约等于11.6天，10亿秒约等于31.7年！而735亿秒——也就是把巴菲特的身价转换成秒——约为2330年！

迈克尔·刘易斯想证明奥克兰运动家队已经想出了一个更有效的点子来组建一支能够获胜的球队。他比较了运动家队和纽约洋基队的薪资单，确定运动家队每赢一场比赛会获利26万美元，而洋基队会获利140万美元——这是大卫对抗歌利亚[1]的流行故事，跟计算方法没什么关系。

通过提供对比，将统计数据变成故事。

通过故事补充数据

工作的意义有多重要？为了更好地理解这个问题，心理学家兼行为经济学家丹·艾瑞里交给三组受试者一张纸，纸上有打印好的字母。他让受试者把所有重复的字母圈出来，然后把纸交还给他。

---

1 大卫和歌利亚都是《圣经》中的人物，大卫是放羊的少年，歌利亚是一个威猛的巨人，两者实力差距极大。然而，大卫靠着对永生神的信心战胜了歌利亚。后以此代指力量悬殊或以弱胜强。——编者注

艾瑞里在以色列长大，他早期作品的灵感来自童年时一次事故受伤后康复的经历。当时，他正为传统的夜间仪式做准备，混合材料的时候发生了爆炸，导致他全身烧伤面积高达70%。这段经历促使他开始研究如何在痛苦的治疗过程中得到更好的护理，以及如何更广泛地传播行为科学。

在圈出重复字母的实验中，受试者在圈出第一张纸中的字母后得到了3美元的报酬，随后他们被问及是否愿意完成下一张，但报酬减为2.85美元。就这样，受试者一张一张地完成下去，每一张的价格都比前一张少0.15美元。在这种情况下，大家在不同分组中能完成多少任务呢？

"被认可"组：受试者在纸上写下自己的名字，找到成对的字母，完成后提交。实验人员会看着这张纸，说"嗯"，然后把它堆放在桌子上。

"被忽视"组：受试者不需要在纸上写下自己的名字。实验人员也不会检查，直接把它放在纸堆上。

"被粉碎"组：实验人员没有看那张纸，并且将其直接丢入碎纸机。

受试者在这3种情况下分别能工作多长时间呢？不出所料，在被认可的情况下工作的时间最久，受试者一直做到每页只能得到0.15美元的报酬才罢手。而在被粉碎的情况下，他们干到0.3美元就不想继续了。

"那被忽略的情况又会如何呢？是更像被认可的情况，还是更像被粉碎的情况，或者介于两者之间？"艾瑞里在TED大会上演讲时问听众，"是什么让我们对自己的工作感觉良好？"答案令人惊讶——

"忽视员工的表现几乎和当着他们的面粉碎他们的努力一样糟糕。"

想象一下，在没有数据支持的情况下提出这个论点，听众肯定觉得不可信。艾瑞在演讲中用西雅图一家大型软件公司的真实案例补充了数据。那家公司的几个工程师为一个项目努力了2年，首席执行官召集他们开会，告诉他们那个项目被取消了。

艾瑞里询问那几个工程师这一决定对他们有什么影响。跟以前相比，他们去公司的时间更晚了吗？是的。他们会提前下班吗？当然。

如果首席执行官检查了他们的工作，然后说"嗯"，他们——包括首席执行官本人——都会更好过。可能会更好的是，工程师们说首席执行官本可以让他们总结并分享做这个项目的经验、教训，还可以给他们提建议，让他们研究一下如何把其中的一些工作成果交给公司其他团队使用。这位首席执行官忽略了"工作的意义很重要"这件事，他亲手毁掉了员工的工作积极性。

如此，你就能明白为什么TED100强演讲者大约每2分钟会使用1次数据——数据是帮助你沟通的有力工具。

用故事来补充数据，你就可以激励别人了。

连环式沟通

1990年1月，杰夫住在加拿大休伦大学学院奥尼尔宿舍二楼。那里有刷成白色的土墙、防火的窗帘，还铺着防呕吐物的地毯。虽然环境不浪漫，但杰夫还是恋爱了。和很多人一样，找到一个合适的另一半对他来说并不容易——你站在后院和杰夫说话，他会不由自主地捡起一根折断的树枝，绕着房子跑，假装在找水，棕色的长发在他身后飘动；然后，他那苍白、多毛、细长的双腿会停在你面前，他会放下树枝，装作什么都没发生过。

并非所有的19岁女孩都会被他的怪癖吸引。但他还是找到了一个这样的女孩，她就是米歇尔。他们之间唯一的问题是，米歇尔在英国的伦敦，而杰夫在加拿大安大略省的伦敦。"我真的很想她，但我没有钱去看她。"他每周都会这么说。

一天晚上，杰夫钻进他那辆锈迹斑斑的克莱斯勒K赛车，伴着发动机回火和风扇皮带发出的刺耳声音，开了2小时车，来到了离他最近的赛马场。他此前从未看过赛马，所以仔细研究了一番，又快速算了算，以确定自己需要下多大的赌注才能赢得足够的钱，买一张去英国伦敦见米歇尔的机票。最后，他下了20美元的赌注。

"我赢了600美元，我下的赌注翻了30倍！"他直奔主题，不想把赢来的钱浪费在给我打长途电话上。

"你到底是怎么做到的？"

"我获得了三连胜。我猜我押的马会分别得第1名、第2名和第3名。这3匹马冲过终点线时，我拥抱了站在我身边的一个哥们儿。"如果你在念高中时排列组合学得不好，那么在一场有12匹马的比赛中，猜中第1名、第2名和第3名的概率就很小。正因为概率很小，那么少数幸运儿的收益就很高。杰夫真是走了运。

"所以，我买了机票，准备去英国。我没有告诉任何人，尤其是我的父母。我马上就要走了。"他知道，那些人支持他逃学去见女友的概率，比他们获得三连胜的概率还要小。

提高你的胜算

如果想大幅提高演讲带给你的回报，你可以试着达到沟通上的"一石三鸟"[1]。这3个关键要素即专业知识、经验和个性，它们很少在同一场演讲中出现。达到沟通上的"一石三鸟"既不冒险也不困难，只需要做好计划。要想赢，你必须具备这3个要素，但它们不需要按顺序排列，所以，你的胜算比杰夫大得多！如果你按照这本书里的建议去执行，你就能赢，并且是大赢特赢，而这是大多数人都做不到的。

正如我前面提到的，如果你在演讲时只专注于你的专业知识，你的回报就很有限。就像航空工程师只谈理论，给出颠簸、阻力、翻滚这类专业术语一样，对大多数听众来说，这些词太过专业、枯燥无味，使得演讲既让人听不懂，又缺少趣味。只要能在演讲中融入实例和个案研究，你就能巩固在实践中成功应用相关理论的经验，例如萨伦伯格机长在演讲中谈到了如何驾驶飞机和处理紧急情况。第3个因素个性看起来似乎是最简单的，实际上，人们在有压力的情况下说话时，表现出个性是最难的。

在舞台上彰显个性

《美国之声》是一档电视真人秀比赛节目，通过比赛，跃跃欲试

---

1 原文为trifecta，指赌马时押中某场比赛的前三名，且排名次序完全押中。——编者注

的"素人"歌手不光能赢得10万美元的奖金，还有机会和环球唱片公司签订唱片合约。这档节目融合了表演、说服和转变这3个我喜欢的元素。比赛形式为盲选，即选手们对着4位看不到他们但能听到他们声音的导师演唱。导师们背对选手，只能评估他们的声音，而不能评价他们的长相。

如果有导师喜欢某位选手的声音，就可以转动椅子，面向选手，观看剩下的表演，以此表示自己对该选手感兴趣。如果不止一位导师喜欢这位选手，他们就必须努力说服这位选手加入自己的团队。导师都是颇有成就的音乐人，比如布雷克·谢尔顿、艾丽西亚·凯斯、约翰·传奇和凯莉·克莱森。观看这些超级明星竞相说服选手加入自己的团队，非常有趣。

一旦加入某个团队，专业的导师就会指导选手，比如如何运用气息唱出高音，或者如何改编要翻唱的歌曲——"不如我们在弱音的地方试试响弦"——让它焕然一新。让人感到惊讶的是，导师在很大程度上强调了在舞台上彰显个性的重要性。

法瑞尔·威廉姆斯对一个选手说："不要想太多，要多去感受。"导师们鼓励选手去思考一首歌的歌词如何在个人层面上与他们产生关联，这样他们就可以通过自己的生活经历将这种情感传递给观众。有抱负的音乐人多年来一直致力于精进自己的专业技能，很少有人会考虑或努力确保他们的个性能在表演中得到体现，让他们与观众建立牢固的联系，并打动全场。

听起来是不是很熟悉？我的客户中也很少有人想过如何在演讲中把自己的个性表现出来。如果他们这样做了，效果绝对令人惊艳。你该怎么做呢？如果你的演讲包含了前几页概述过的几个强有力的信息，你的个性肯定会呼之欲出。

如果用充满感情色彩的对话来讲述一个故事——"那家伙傲慢得要命，我再也不会雇用那家公司的人了！"——你的个性就会彰显出来，特别是如果你在举手投足之间传达出了这个人的情绪，那就更好了。然后你可以用恼怒的面部表情来表达你对这句话的理解，让你的个性更加鲜明。

如果使用生动的比喻，你的个性也会体现出来，就像阿图·葛文德说的那样，"牛仔"专家会把事情搞砸，我们需要的是护理队。

测试麦克风也可以是一次展示自己的机会。大多数人是怎么测试麦克风的？"测试，1、2、3……测试，测试，1、2、3……"我曾见过一个全明星机构投资人在听众面前测试麦克风，他说的是："10亿、20亿、30亿……"这个测试听起来轻松有趣，充满个性。

自嘲式幽默也是个不错的方法。"我知道你们在想什么：'一个身高一米七的人哪来的底气跟你们大谈特谈篮球呢？'"这是我对自己的身高或者说身高不够高的一种自嘲。

另外，要想达到沟通上的"一石三鸟"，你必须准备好演讲稿，还要有把演讲变得生动的能力，这一点将在"接通电路——点亮全场"一章中讨论。

把你的专业知识、经验和个性在演讲中展现出来，你就会脱颖而出并取得成功。

4

找到那艘"船"
——使用有利的视觉效果

1994年9月一个温暖的夜晚，7点的时候，贝弗·罗瑟腋下夹着一台约3千克重的笔记本电脑，走进了病童医院的培训室。她把电脑砰的一声放在最前面的桌子上，发出的声音比你想象的还要响。那是一件贵重的设备——当时很少有人有便携式电脑。

一个20人的小组正聚集在一起，学习在肿瘤病房做义工的细节，打算为住院的孩子们组织娱乐活动。罗瑟充满活力，十分乐观，即使她不说话，这些气质也会显露出来。我们看着她把一根八爪线连接到投影仪上，房间里安静了下来。我们瞪大了眼睛，看着她把幻灯片翻来翻去，幻灯片上标示用的黑圆点也跟着跳来跳去，变幻出棋盘格的图案。

因为从没见过幻灯片，我们就像第一次看烟花的孩子一样眼花缭乱。那天晚上，我们没有学会如何当一名义工，我们的注意力全在看幻灯片演示上。

放烟花可以是引发奇效、庆祝节日的好方法，可若是使用不当，可能会带来意想不到的灾难性后果。幻灯片也是如此。

幻灯片是面对面交流时最糟糕的媒介之一。不过，问题不在于其本身，而在于它被误用了——太多的人把太多的内容放在太多的幻灯片上，然后在演讲时过度依赖这些幻灯片。

有一个有趣的实验：找一个朋友或同事，让他用我刚才描述的方式使用幻灯片，并让他像平常一样演讲2分钟；然后，让他展示同样的材料，但不要用幻灯片。在他第二次展示时，告诉他就算忘记一些细节也没关系，只要记得大的要点就行。把两次演讲的过程拍下来给他们看。我敢肯定，不使用幻灯片的版本更好。

在过去的几十年里，我一直在问别人，在他们看来，谁是令人印象深刻的演讲者，并让他们说明原因。从来没有人在解释他们的选择原因时说演讲者的幻灯片做得很棒。幻灯片不是演讲的内容——如果是，那演讲就该叫幻灯秀了。你是演讲的主体，你的故事是演讲的内容，而幻灯片什么都不是。

人们在制作幻灯片上投入了太多的时间。与专注于准备和提供更好的内容相比，费时准备幻灯片的好处正在迅速减少。如果你时间紧迫，就不用准备幻灯片。TED100强演讲者中有四分之一的人根本不用幻灯片。

不过，使用幻灯片的好处也不少，也有一些简单的方法可以更有效地用幻灯片。下面来看看你可能会用到的几个方法。

让枯燥乏味的主题变得有趣

"我仍然记得尼古拉斯主题为'可持续发展的区域和地方土地使用规划法的最新情况'的演讲，这可能是人们能想到的最无聊的主题。"路易斯在提到他的搭档尼古拉斯时说道。他坦言，他很好奇自己当初为什么要报名去听这个演讲。在尼古拉斯前面还有另外2位演讲者。"他们演讲的主题同样枯燥乏味，整个过程无功无过，结果会场里的听众都听得昏昏欲睡。"路易斯说。

路易斯还解释说，尼古拉斯会从共情的视角看待听众的难处。他会把演讲的重点放在听众觉得重要的事情上，而不是以他自己的兴趣点为中心。"他知道自己永远不会成为肯尼迪那样的演说家，但他也有能力用简洁的语言把事情解释得清清楚楚，还带着点儿自嘲式的幽默。"尼古拉斯的幽默绝对会让你大吃一惊，因为他会看着你，并且激情四射地跟你讲话。

尼古拉斯以故事开场，在讲述的过程中吸引了听众的目光。"他让我们惊喜。他让我们充满好奇。他逗得我们哈哈大笑。"路易斯说。

尼古拉斯舍弃了所有拖累主题的细节。他的幻灯片出奇地简单——一个提炼概念的短语、一个描述观点的视觉隐喻、一个用特大号字体书写的数字。他在幻灯片中融入了一个迷人的故事，他的幻灯片并不是演讲必须依赖的工具。他既没有照着幻灯片念，也不需要用笔记提醒自己，因为他对自己演讲的内容了然于心（我将在"接通电路——点亮全场"一章中详细介绍这方面的内容）。

尼古拉斯是那天唯一一个在演讲结束后受邀展开后续讨论的演讲

者。"客户对他们了解到的知识和学习的方式都很满意。只要多下点儿功夫，再调整好心态，即便你永远成不了奥巴马，也能拥有真正的影响力。这也将带来巨大的回报。"路易斯总结道。

正如我们从尼古拉斯身上看到的那样，你也可以借助幻灯片出色地完成演讲。但是，人们往往会做出糟糕且适得其反的选择。

用幻灯片为你的故事锦上添花。

剪切、粘贴的浪费

杰里把2份文件掉了个头，放在桌子对面："这是我的白皮书，这是我的演讲稿。"

"它们看起来一模一样，一字不差。它们是一样的吗？"我快速翻了翻，问道。

"嗯，我的演讲稿是用幻灯片呈现的，区别就是这个，但内容是一样的。"杰里将白皮书上的内容剪切、粘贴，做成幻灯片，他觉得可以直接把幻灯片上的文字读给听众听。他心里想的是："既然论文发表后大受好评，为什么不直接复制呢？"

这是杰里在准备幻灯片时犯的严重错误。许多演讲者的方法也好不到哪里去，通常像下面这样：

缩小目标范围——不要面面俱到

丹尼尔·平克的惊人真相
· 丹尼尔·平克精通"缩小术"——他知道如何缩小目标范围，即如何建立需求。
· 通过演讲表达观点。
· 丹尼尔·平克耗时数年研究动机。
转变策略
· 听众对我本人或我的产品、服务、观点有什么偏见？
· 听众具备多少背景知识？

备好"箭筒"——把要点装进脑海里

强势开场
· 以对话开场，把控全场，让听众对你接下来的演讲内容产生兴趣。
阐明演讲目的
· 你必须想清楚，你演讲的主题是什么？你必须向听众阐明你的演讲目的。
连接信息
· 连接句是连接各自独立的核心信息的纽带。

"阳台英雄"——添加强有力的信息

"阳台英雄"
· 真实存在，能引发人们的共鸣，是无数普通民众的代表。
示例
· 举例把抽象的概念具体化。
讲故事
· 用故事刺激个人做出改变。
类比和比喻
· 用故事做类比来解释策略、梳理逻辑。

找到那艘"船"——使用有利的视觉效果

脱颖而出
· 用幻灯片为你的故事锦上添花。
剪切、粘贴的浪费
· 把幻灯片当作提示，而不是脚本。
一幅令人震撼并重新振奋的照片
· 用幻灯片给问题加上情感因素，激发行动。
数百万美元的标记合成什么？
· 显示资金的流向。

这个幻灯片的问题在于素材太多，字体太小，缺少前景和背景的对比。

"我没必要出席会议，等着别人读给我听。我又不是不认字！把文件寄给我，我自己看就行了，还省得麻烦呢！"我经常听到这样的抱怨。

我还了解到，杰里很担心自己会忘记想说的话。他以前从来没有在那么多听众面前演讲过，所以他想借助幻灯片来减少怯场和忘词的可能性。

但看似安全的方法可能会适得其反。如果你担心自己会忘词，确实可以利用幻灯片来提醒自己，但是要避免陷入将幻灯片用作脚本的陷阱。

我在前一章讲故事的部分引用了汤姆·彼得斯的话。他是斯坦福大学的商学博士和畅销书作家，几十年来一直为在世界500强企业工作的听众演讲，出场费高达数万美元。他不断更新演讲的内容和幻灯片的版面，并在自己的网站上公布了所有视觉资料。不过，他的幻灯片没什么用——我的意思是，对我们没有用。但对他自己有用，因为幻灯片可以提示他。下面是一张有一两个词的幻灯片。

china!
（瓷器）

Private.
（私人的）

Jim's Group
（吉姆的公司）

10.6

资料来源:TomPeters.com/slides.

它不会赢得任何设计奖项，也不需要。彼得斯不是在卖平面设计。他在尽力有效地沟通，他做到了。"汤姆·彼得斯是管理思维领域大师中的大师。"作家鲍·伯林厄姆说。有了幻灯片的助力，彼得斯的演讲更有激情了。

如果你觉得自己还没准备好删掉幻灯片上的大量细节，担心自己会忘词，请记住，PowerPoint、Keynote和Google Slides[1]允许演讲者把笔记放在幻灯片下方的某个位置。你可以通过调整设置，使得只有自己可以看到笔记和下一张幻灯片。当然，你还是看得到当前播放的幻灯片的。

TED100强演讲者使用幻灯片时，平均每张会显示7个单词，而不是一堆单词。不过，他们使用幻灯片的数量比你想象的要多——每分钟1.07张。

如果你也需要给听众提供演讲概要，可能想知道幻灯片上只写零星的几个字到底有没有用。我经常会被问到这个问题（我们稍后再来解决它）。

尼古拉斯在看到彼得斯的幻灯片模板后受到启发，改变了自己的方法。一个小小的改变——利用视觉效果——使他成了一名与众不同的演讲者。这个方法或许对你也有同样的作用。

把幻灯片当作提示，而不是脚本。

---

1 PowerPoint、Keynote和Google Slides均为幻灯片制作与演示软件。——编者注

一幅令人震撼并重新振奋的照片

叙利亚难民危机已经持续多年，几乎没有什么改变。难民营人满为患，而且人数还在不断增加。国外援助也停滞不前，而且严重不足。成千上万人想选择奔赴更美好的未来，现实却举步维艰，毫无进展，直到一张照片被拍摄下来并在全世界发布。

2015年9月2日，包括3岁的艾伦·库尔迪及其家人在内的16位难民爬上了一艘可搭载8人的充气船。船只在地中海被打翻，而他们根本没有救生衣。库尔迪溺水丧命后，一名土耳其摄影记者发现了他的尸体，并拍了下来。

在几十年来最大的人道主义危机中，世界一直在崩溃。但库尔迪的照片揭开了这场悲剧的真实面貌，并促使人们采取行动。照片发布后不到24小时，我的按摩师就加入了一个由30名同事和朋友组成的小分队——他们都被这件事触动了。他们承诺会资助一个叙利亚家庭。几天后，他们筹集到了3万美元。4周内，他们就与一个希望在加拿大开始新生活的七口之家结成了对口帮扶关系。

他们是加拿大成千上万帮扶团队中的一员，被动员起来在同一时间做同一件事。这一切都源于那张照片，它是恐怖事件的缩影，引发了人们姗姗来迟的行动。

如果你也想让人们行动起来——不管是不是为了缓解人道主义危机——试着找到一幅能概括问题的图片，并找到向更好的方向改变的必要性：也许是一件失败的作品；也许是一张手写的反馈表，上面写着"若是以前，我会考虑找你们公司合作，但现在你们已经不在我的考虑范围内了"；也许是意大利波西塔诺邮局一个不得志的制陶工人，她想在国际市场上出售自己的陶瓷制品，需要借助你的平台实现跨境交易……展示问题的图片往往比仅仅展示解决方案的图片更具煽动性，因为问题会制造紧张气氛。

TED100强演讲者使用的幻灯片中，超过七成都是纯图片，没有文字。这些图片在视觉上强化了重点，提供了主题背景，但不会让听众在看的时候分心，忘记倾听。如果你选择这种方法，可以尝试使用高分辨率的图片，并让图片占满整页幻灯片。有许多很棒的网站提供高质量、免版税的图片，Unsplash.com是我最喜欢的此类网站之一。

用幻灯片给问题增加感情，激发行动力。

强制执行准则

如果在一个供应商遍布全球的大公司工作，你会如何管理这些关系，以确保供应商在质量控制、职业道德和员工安全等方面都符合你们公司的标准？当然，你可以从政策和流程入手，但这些就足够了吗？

大多数企业都有政策和流程，而且大多数的出发点都是好的，都是经过精心设计的。然而，大多数企业虽然制定了政策，但遵循起来是另一回事。

从海外购买产品的资深企业都有所谓的"供应商行为准则"。不过这类准则都是制定容易，执行困难。为了鼓励更多供应商执行，外协合约专家帕纳在屏幕上放了一张倒塌工厂的照片。"有人知道这是什么吗？"她问道。听众席有许多人举手。"那不是孟加拉国发生的事故吗？"一位听众说。许多人纷纷点头，会场安静了下来。

"没错。这家服装厂是非法建造的，聚集了数千名工人，为一些国际品牌制作服装。这些大企业大多制定了供应商行为准则，却没有一个主动进行供应商审计。"听众充分领会了她的意思，帕纳继续说，"如果它们进行了供应商审计，那么制衣厂就必须搬到合法建造的大楼里，这数千名制衣工人也就不会命丧黄泉了。"听众们不难发现，如果进行了供应商审计，从这家制衣厂拿货的品牌的声誉也不会受损。

演讲结束时，帕纳受邀留下来评估一名与会者的供应商协议、政策和审计程序。要不是看了大楼倒塌的图片，这名听众不会有这样的觉悟。如果你能够捕捉到图片蕴含的情感，并利用它来构建解决方案，你就能启发听众采取行动。

为了激励听众采取行动，可以向他们展示隐藏着危机的视觉图片。

数百万美元的标记

罗伯特是一家综合核算公司的员工，这家公司类似于特种部队，只不过他们靠的是数学而不是武器。罗伯特及其团队希望赢得与一家全球工程公司合作的机会。如果你曾经登上过全世界最高的塔楼，或者横穿过全世界最长的桥，还能活着回来，那就要感谢这家工程公司的辛勤工作。但是，工程师们对现任会计师无法迅速、准确无误地解决复杂的核算问题感到失望。

"根据对你们过去3份年度报告的审查，我预计你们会遇到以下3个复杂的核算问题。"罗伯特对潜在客户说道。他们脸上流露出的惊讶表情，像极了你在集市上看到流动的游艺团成员准确猜出某个人体重时的样子。

"接下来我要说的是我会如何与你们合作解决这些问题。"他继续说道，并在白板上写下具体的流程。其间，客户插嘴问了几个问题。他写完的时候，房间里的气氛已经发生了微妙的变化——客户们一改双臂交叉的观望态度，转而公开透露别的需要帮助的棘手问题。罗伯特的团队最终赢得了与这家公司合作的机会。在述职过程中，客户说："是罗伯特为你们公司赢得了合作机会。他半小时解决的问题比我们的现任会计半年解决的问题还多。"

罗伯特的团队缩小了目标范围，把精力放在解决相关的复杂问题上。他用一块50美元买来的白板和一支记号笔，赢得了一个每年能赚数百万美元的项目。

有时候，你不需要把幻灯片做得花里胡哨的，你需要的只是一块白板和一支记号笔，还有罗伯特那样的能力。

合成什么

每次有机会与相关领域的专家共事时，我通常都能大致理解他们演讲的内容——偶尔也会有力不从心的时候。而我在听利兹演讲时，感觉自己就像在波罗的海中心漂浮。她说的是如何利用合成债务达到总收益互换的目的。没错，就是这个主题。

她演讲的语速非常快——如果是车速，相当于每分钟1万英里[1]——我敢肯定，这还不是她最快的速度。她打开幻灯片展示各种数据，解释资金和义务如何在各方之间流动。她的听众和我不同，都是些经验丰富的税务专家。不过，即便作为一个门外汉，我也能听懂她的解释，至少理解浅层意思是没问题的。但离开幻灯片，我又会听得一头雾水。

用视觉图片更容易解释复杂的结构。无论你是解释极性共价键的化学家、概述资金循环流动的税务顾问，还是展示硬件和软件之间关系的系统工程师，一定都对此深有体会。

如果说一幅图片胜过千言万语，那么图片对于那些为复杂的交易、结构和组合提供建议的金融专家来说，简直价值连城。是否使用图片，对听众来说会有天壤之别，而随之带来的经济效益上的差异也不可小觑。

幻灯片能显示资金的流向。

---

1 1英里约合1.6千米。——编者注

锚定主题

布伦特站在那里，看着由他担任首席战略官兼创新官的广告公司。他身高1.75米，体重为64千克，体脂率不到5%。他的身高与社会科学的结论相悖——社会科学的结论显示，拥有篮球运动员体脂率的领导者数量比例很小。你会发现自己想和布伦特去喝一杯——哪怕你不喝酒。他睿智、风趣，喜欢在室内戴围巾。

公司已经失去了很多大客户，他知道未来的领导工作很艰巨。他接手的是一个资深团队，其中一些员工有些麻木不仁，在最坏的情况下甚至会为了个人利益不惜整垮别人。

"这就好比我们公司。"他说着，停了下来，转过身去看他展示的那张超级油轮的图片。图片实在太大了，身后的大屏幕都快放不下了。他感谢员工为重要的大客户做的出色工作，对员工赢得的奖项和获得的认可赞不绝口。然后，他坦率地谈到了公司最近的亏损以及在瞬息万变的市场中举步维艰的窘境。

"我们不仅需要让这艘'船'转向，还需要把它抬出水面，运到一片完全不同的海域中去。这绝非易事，但势在必行。"他继续发言，为员工指明了方向，并告诉他们，如果成功了，定会前途一片光明。

布伦特对员工的尊重、坦诚和令人信服的远见赢得了大家对他的支持。他们在新的领域赢得了新的客户，提供了新的服务。因为带领员工在新的领域取得了巨大的成功，布伦特得到提拔，去管理公司在纽约的旗舰业务。就这样，在管理加拿大业务之前，他一路晋升，担任的职务也越来越重要。

这艘船的全幅图片——当然，上面印着他们公司的徽标——让布伦特能够直观地展示他想打的比方，并为他的演讲设定了核心主题。这幅图就像布伦特和他的比喻一样，生动又令人难忘。去找到那艘令人一目了然的"大船"吧。

大胆想象，利用全幅图片展示比喻的内容。

品牌破产

1997年1月的一个凉爽的清晨，我和朋友乔纳森·贝利穿着新买的橡胶靴，开始了我们在萨帕附近的山地部落的冒险之旅。那里地处越南北部，紧挨着中国边境。"你为什么辞去兽医的工作，去当一天赚10美元的向导？"走下小道时，我问向导德兰。

她说："人们总是把已经死掉的动物送到我这儿来，我厌倦了这样的生活。"人们不了解兽医的工作，更不理解预防医学的重要性。人们带着动物来找她的时候，往往已经太晚了，她对此非常沮丧，于是决定不再料理死去的动物，改行带外国游客徒步旅行。

她当兽医的挫折感与我多年来遇到的许多处于破产和重组绝境的人的感受是相通的。太多倒闭企业的经理直到为时已晚才来寻求帮助，而此时大势已去，我也无力回天。詹森·阿巴克是这方面的顾问，他有机会教育和鼓励客户及早干预，并创造了许多双赢的局面。

詹森有一种温暖人心的自信和派头，从打着大结的领带和运动衫翻领上时髦的外露针脚就能看出来。虽然他在演讲时能吸引你的注意力，但他最开始做的幻灯片对演讲的成功毫无帮助，就是那种太多专业人士喜欢用的标准幻灯片——每张配6个要点，让人看了昏昏欲睡。每张幻灯片总结了他最看重的几个要点：如果企业的运行状况在走下坡路，通常会经历几个阶段；如果企业的运行状况每况愈下，2个阶段间隔的时间也会缩短；能够挽救企业的方法越来越少，而企业重整旗鼓的可能性也大打折扣……

我给他出了个难题，让他把企业一步步走向破产的几个阶段直观地呈现出来。于是，他画了偿付能力曲线图。他绘制的是企业运行状况不断变差的几个阶段，阶段之间间隔的时间一直在缩短。他没有把自己的角色简单地定位成一个解说员，机械地重复幻灯片上列出的要点，然后承担失去听众关注、面临更多不必要的公司倒闭风险的后果，而是确立了自己作为故事主讲人的角色，用视觉图片来解释偿付能力曲线图和早期干预的重要性。

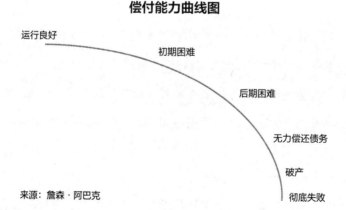

偿付能力曲线图

来源：詹森·阿巴克

会场里的纸媒记者注意到了这一点，并在演讲结束后找到了他，发表了一篇关于偿付能力曲线图的文章。某个商业新闻网站的记者看到这篇文章后，也邀请詹森上电视聊一聊这方面的话题。詹森的知识体系让他能够解释和宣传某个核心概念，并在会场之外提高了自己的知名度。

试着直观地描述核心概念，不要逐一罗列一连串的要点。

显示差额

如果你想强调试图把握市场时机的做法是愚蠢的，可以用曲线图来显示各主要指数的对比情况，以及去掉前10天绩效后的同一指数。结果怎么样呢？差额通常在60%到70%之间。换句话说，如果没有进入这个市场，你就无法从市场巨大的潜力中获利。如果你一紧张就撤出资金，很可能会错失收益，而这些收益原本不仅能帮助你重整旗鼓，而且最终会增加你的投资额。展示一个有或没有10个最佳交易日的差价曲线图，然后观察听众对损失的厌恶情绪。谁想失去那62%的差额呢？谁说数据不能激发情绪呢？

有或没有10个最佳交易日的股市

——金融时报证券交易所全股总回报
——金融时报证券交易所全股少于10个最佳交易日

资料来源：蒙特利尔银行全球资产管理公司，2020年3月，bmogan.com/gb-en/retail/wp-content/uploads/2020/03/ftse-all-share-1.svg

用正确的曲线图来说明故事情节，增加可信度。

马特·卡茨打破常规的秘诀

有时我们会觉得生活一成不变。马特·卡茨以前也是这么想的。他是怎么找到出路的呢？他尝试做他一直想做的事，并且坚持了30天。他自称是个电脑迷，而且看起来已经把缠着胶带的角质边框眼镜换成了无线智能镜框眼镜[1]。

在3分半的TED演讲《用30天尝试新事物》中，卡茨滔滔不绝地讲述了几件他坚持做了30天的事，每件事都对应一张幻灯片。"我尝

---

1 暗指在形象上更贴近电脑迷的定位。——编者注

试做的一件事是每天拍一张照片，整整拍了30天。我清楚地记得那些天我在哪里、在做什么。"在他的头顶上方，出现了一张照片——雾蒙蒙的森林里有一棵爬满苔藓的树。这张照片拍得特别美，但并没有特别到你觉得自己拍不出来的程度（顺便说一句，研究表明，使用视觉辅助工具会增强听众的记忆力）。

当卡茨将想法（骑自行车去上班）、相应的图像（卡茨快乐地骑车通勤的动态照片）以及改变通勤方式对他生活的影响（"我的自信心增强了"）结合起来时，他提供的这些信息就具备了说服力。他的图像激发了听众的想象力，促使大家开始考虑自己也可以用30天去尝试做一些什么，并且相信自己可以做到，让生活变得更加美好——这正是他努力的目标。

用视觉工具直观地描述实例，增强听众的记忆力。

糟糕的数学和糟糕的幻灯片

请如实回答以下2个问题：如果需要发表一次重要的演讲，你要做的第一件事是什么？是打开你最喜欢的幻灯片软件，动手制作幻灯片吗？这种做法相当于做四则运算的时候先做加减法，再做乘除法。你简直是在自寻失败。

你还记得我们上数学课时学过的运算顺序吗？优先做括号里的运算，然后先做乘除法，再做加减法。如果你按顺序计算，就能得出正确的答案。如果你不这样做，就会算错。

准备演讲也有类似的步骤，我在前面讲过——缩小目标范围，备好"箭筒"，添加强有力的信息，然后考虑并创建有用的视觉效果。不要先准备视觉材料，否则你可能会拿不到A——如果你正在看这本书，说明你是那种得不到全A就不罢休的人。

遵循以下步骤：缩小目标范围，备好"箭筒"，添加强有力的信息，然后创建视觉效果，并且只在那时创建。

别被演讲稿拖累

有时，主办方会要求你准备一份演讲稿。这个要求简单可行，无伤大雅，但它可能会设置一个意想不到的陷阱。演讲稿要合格，就必须很详尽。准备一份完整的演讲稿，你可能会发现，完全可以把演讲稿像幻灯片一样投影出来。毕竟，演讲稿就是你要说的内容，而且是经过深思熟虑写出来的，能有什么问题呢？

如果演讲稿也被投影出来，那么这个包罗万象的展示平台就会成为让你无法掌控全场的包袱。你会发现自己很难不去念幻灯片上那些精心编辑的文字，甚至会到严重依赖的程度。你与听众眼神交流的机会会大幅减少，你的嗓音也会压低。这样一来，最好的情况是听众转移了注意力；而最坏的情况是你失去了可信度，因为你看起来甚至不知道自己在说什么。还记得南希的同行吗？有的听众没听完他的演讲就退场了——那家伙演讲时就是盯着屏幕一个接一个地念要点。

一边是主办方要求必须准备演讲稿，一边是你希望能有效地利用准备时间，在演讲过程中吸引听众的目光。该如何协调双方的诉求呢？以下有3种选择：

1.黄金要露，白银要藏。首先准备好演讲稿，保存在电脑上。然后另存一个新的版本，把你打算在演讲中详细阐述的重要短语（也就是"黄金"）加粗。没有必要把你写在纸上的每个要点都说出来，加粗重要短语可以帮助你和听众快速找到重点。

在细说"黄金"的时候，考虑把剩下的内容（即"白银"）藏起来，这样听众就不会因为看文字而分心了——他们可以稍后再阅读整个文档。你的详尽阐述可能是演讲中最有价值的部分。你可以在此处插入强有力的信息。

斯科特·迈尔斯是一位创意专家，也是一位演讲大师，他对使用幻灯片的看法极具哲理：每张幻灯片都应该有一扇"活板门"，即一个短语或一张图片。你可以打开这扇"活板门"，展示有趣的观点、例子、统计资料或故事。"活板门"可以是加粗的短语。

在讲到"活板门"背后的宝藏时，你肯定不希望听众分心。要消除干扰，就在幻灯片模式下按键盘上的B键，这时屏幕会变黑。等你准备好重新呈现屏幕上的内容时，再按一下B键就可以了。这适用于所有主要的幻灯片软件，也适用于视频共享，你可以试试看。

专业提示：当你在演讲中第一次把屏幕变成黑屏时，要让听众明白这是你的本意。关闭屏幕时要看着屏幕，表现出镇定的样子，这样他们就会明白你是故意这么做的——你也不想让他们担心屏幕坏了吧？

如果你不想按下 B 键，又确实想控制听众的注意力，可以走到幻灯片前，指指"黄金"短语，然后返回刚才的位置，站在离屏幕有一段距离的地方进行详细阐述。讲到下一个要点时，再走向屏幕，指一指下一个"黄金"短语。

你不必总是走到屏幕前指出"黄金"短语，但偶尔这样做效果也不错——这个动作增加了身体的活动性，还能引导听众的注意力。其他时候，也可以用"第 2 个要点是……"这样的短语来引导听众。

多制作一张幻灯片并不需要额外的成本，所以不必担心将一张包罗万象的幻灯片一分为三，各自表达独立的内容。这也有助于你在这一刻吸引全场的目光。

将"黄金"短语加粗。

2. 简洁才是王道。还有一个选择：只要把所有重要的短语都加粗，你就可以简单地复制幻灯片上的所有文本，并将其放在屏幕底下的注释部分。然后，删除幻灯片上除了粗体短语的所有内容。在开始演讲时告诉听众，他们可以看完整的演讲稿，也就是你最初写的那份包罗万象的演讲稿，也可以看删减过的幻灯片，上面只有粗体短语，但幻灯片下面有文本里的详细注释。

就像我前面所说的，你可以调整设置，使得只有你能看到下面的备注，听众只能看到上面加粗的重要短语，看不到下面的内容。

这种方法需要多花一点儿准备时间，但这时间花得值得。它会鼓励你提前决定什么是自己将在会场上详细阐述的最重要的观点。

将详细的信息放在笔记部分，把精简过的提示性文字放在幻灯片上。

3.创建可视化故事板。将重要短语加粗后，你可以考虑加一张图片，按主题表示你在幻灯片上要解决的核心问题或要点。在Unsplash.com这类免费网站上搜索一张高分辨率的图片，将图片放在幻灯片上，选中后单击右键，选择"置于底层"，这样就可以把图片放在关键词下面。移动文本并改变其颜色，创建一些透明的颜色填充，使文字更容易辨认。如果能做到这些，还是很有用的。

用高分辨率的图片作为提示性文字的补充说明。

不要和幻灯片一较高下

就像我之前提到的，演讲的主角是你，不是你的幻灯片，不要把你的角色降级为要点的叙述者。这一点在演讲的开场和结尾显得尤为重要。不要一开口说话就更换幻灯片。"早上好"加上点击幻灯片的动作等于分散听众的注意力。演讲一开场，你肯定希望所有人的眼睛都盯着你，所有人的耳朵都听你说话，而不是关注你的幻灯片。

不要在和听众进行眼神交流时停下来，去看幻灯片上的提示语，要摆正自己作为演讲主角的位置。你会发现，如果站在幻灯片的左侧（从听众的角度看），会更容易做到这一点，因为听众是从左往右看的。你希望他们先听你说，再看幻灯片，然后在听你详细阐述的时候看回你。

同样的道理也适用于演讲结尾。不要用幻灯片打出演讲的结束语，而是要强有力地结束演讲，目视听众，直接对着他们说话。

在用幻灯片进行在线演示时，请注意把你的视频窗口缩小到幻灯片的十分之一大小。理想的做法是，在开始演讲时先不使用幻灯片，这样你就可以建立自己的数字形象。了解你的听众是如何调整视频窗口的，并鼓励他们调整到幻灯片的十分之一大小。这样一来，他们就可以通过更改视频窗口的大小，更多地看到你或者你的幻灯片。如果你想强调某个重点，那就退出幻灯片模式，这样就不会和视觉图像冲突了。

守住你作为演讲主角的地位。

5

接通电路
——点亮全场

"不遗余力"先生的自毁行为

1995年的某天，我和同事坐在位于多伦多市中心教堂与布鲁尔街角交会处的一间闷热又亮堂的会议室里。在花了几个月的时间重塑品牌后，我们一直热切地期盼着这次会议，并且很高兴看到广告代理公司提出的全新包装概念。坐在我们对面的创意总监说："我们不遗余力地接手了这个项目。"

从我的转述来看，他说的话好像并无不妥。但假如你当时在场，就不会有什么好印象了。我们真的有被冒犯的感觉。

如果这位创意总监说他很期待把皮鞋擦亮（假设他有一双能擦亮的皮鞋），或许他的语气会更兴奋。这家伙穿着复古的雅达利酷男T恤，坐着的时候肩膀向前倾，说话的时候语调平淡、眼神躲闪，就好像他刚开着母亲的车撞到了，不得不告诉她这个坏消息一样。总之，从他的话里话外，完全看不出他宣称的那种不遗余力的态度。

也许他不觉得自己的工作值得骄傲，我们当然不会被他的话打动。我们放弃选择他以及他的设计，走到马路对面，找到了对自己的工作以及我们的项目都充满热情的合作伙伴。

这位"不遗余力"先生没能"接通电路"。他没有把说的话和表达方式统一起来，也没有把说的话和我们联系起来——嘴里说着"不遗余力"，言语之间却没有一丝热情，连眼神交流都避之不及。这一次脱节的沟通可谓代价高昂。

只有接通电路，让能量流动，灯才会亮，你才能点亮全场。很少有演讲者能达到电路接通后的现场效果，一旦达到，则很难得，也很强大。

你也能接通电路，点亮全场。一些小小的改变会对你与听众之间的联系产生很大的影响。

到目前为止，我们已经讨论了如何通过内容与你的听众建立智力和情感上的联系——缩小目标范围，备好"箭筒"，以及添加强有力的信息。现在我们要重点关注的是，在现场传递这些信息时，如何才能做到接通电路，点亮全场。

眼神交流

社会科学一次又一次地证明，最重要的沟通技巧就是眼神交流。

即便是最老练、最有成就的演讲者，也需要加强眼神交流。接下来通过查看一些数据来解读眼神交流的时机。

研究人员卡罗琳·阿特金斯想了解不同的眼神接触如何影响听众对演讲者的看法。她将目光接触分为3个层次：零接触——演讲者看向听众的时间少于10%；及格线——演讲者看向听众的时间介于10%到50%之间；优秀——演讲者看向听众的时间至少达到90%。

听众通常对很少或几乎没有眼神交流的演讲者评价不高。在他们描述这些演讲者的共同缺点时——这个列表很长很长——你会听到"毫无说服力""自卑""沉闷乏味"和"无聊透顶"等字眼。我们都不希望这些词和自己联系在一起。

如果演讲者达到"优秀"的水平，即看向听众的时间至少达到90%，听众会觉得他们更讨人喜欢、更有头脑，并认为他们更应该得到较高的薪水。听众可以学习这些演讲者的很多优点。这种演讲者与听众的关系非常具有吸引力。还记得第1章卢克提出的简单变更管理的两步法吗？只要让现状变得不够舒适，让提议的方案足够有吸引力，人们就会不由自主地放弃当前的方案，转而采纳替代方案。我相信你一定会受到启发，朝着眼神交流的优秀水平努力！

大多数演讲者跟听众的眼神交流都达不到90%。他们无法游刃有余地把控全场。他们会看笔记，那些笔记构思巧妙、文笔优美，但是如果过度依赖笔记，演讲者就会失去对全场的把控。还记得那个在宴会厅演讲时遭遇滑铁卢的人吗？正是他那单调乏味的技术演讲促成了我的第一笔生意。不管怎样，这对他来说都不是一个好结果。

每次和那些过度依赖笔记的演讲者一起排练，我都会打断他们，问他们问题。回答我的问题时，他们状态沉稳，与我有眼神交流，非常自然、流畅。他们在一旁观看的同事，免不了会说他们回答问题时的状态比看着笔记四平八稳地说话时的状态要有力得多。

我不反对带笔记，只是反对无效地使用笔记，从而影响演讲者的表现。当然可以带笔记，但只能趁稍做停顿的时候扫一眼。你也没必要偷偷摸摸的，然后祈祷听众不会发现你偷看写在手上的笔记，就像前美国阿拉斯加州州长萨拉·佩林2010年2月发表演讲时那样——她在手心潦草地写下了"能源""削减预算"（画掉了）"税收"和"振奋美国精神"，并在问答环节偷偷看了"小抄"，导致沦为笑柄，尤其是她此前不久嘲讽奥巴马是一个"演讲时需要提词器的魅力男人"。

这种在手心"打小抄"的策略考试时可能管用，但演讲时就没有必要了。你要做的就是稍做停顿，然后平静地参考记在纸上或屏幕上的笔记。听起来很简单，对不对？但其中也有一个陷阱：如果你很紧张，就不会想到只是停下来看一眼而已。用不了多久，你就会一边低头看笔记，一边从头到尾地念起来。这不是有意识的举动，而是当所有人都盯着你，你面对压力时的下意识反应。过分依赖笔记是可以理解的，但其效果往好了说是"不理想"，往坏了说就是"适得其反"。

如果你是那种写得比说得好的人，那就把你想说的话写下来，作为准备过程的一部分。这是一个很好的练习，可以帮助你想清楚自己要讲什么以及怎么讲。准备工作不止这些。你还要将演讲稿中的重要短语加粗，再保存一份新的演讲稿——上面除了加粗的要点，什么都没有。

然后，将支持核心信息的要点分门别类地放在页面上的一个方框中，这样你只需要低头看一眼笔记，就可以快速地找到下一大块内容。在前面提到的学习风帆冲浪的演示文稿中，我想学冲浪的第一个原因是享受掠过水面的愉悦体验。以下是我为这部分准备的要点：

掠过水面令人兴奋

· 随波起伏的感受

· 感受扑面而来的海风

· 与滑雪相比的感受

· 珍妮："上瘾了；要做职业冲浪手！"

请注意，对于作为读者的你，这些要点不具备任何意义，但对作为演讲者的我来说非常重要——足以提示我说出下一个观点。

为了把控制全场的影响力发挥到极致，一定要坚持你当前的观点，直到把它说完。你的习惯可能是提前想好下一个观点，我在第一次讲风帆冲浪的要点时就是这么做的——嘴里说着加速时冲浪板是如何从水面升起的，心里却已经在想下一个要说的要点是对风的感受。这样做的时候其实会走神，从而削弱与听众的互动。这样就无法"接通电路"，更无法点燃听众的热情。

你可能见过有些演讲者似乎是在和听众进行眼神交流，但你看得出他们是在思考，在搜索他们脑海里的"提词器"，寻找下一个要点。千万不要这样做。

一心一意地讲述当前的要点，目视听众，直到把这个要点讲完。你要相信，下一个要点已经准备就绪，就在你的笔记里等着你。稍做停顿，把下一个要点记在心里，看着台下的听众，继续演讲。只要你在看笔记时表现得很平静，听众就不会注意到你停下来了，或者他们能理解你停顿的行为——你是在讲述下一个要点之前给他们预留更多的时间去思考你提到的前一个要点。

同样的原则也适用于视频演讲——至少在90%的时间里保持直视摄像头的状态。将你要说的要点放在摄像头正下方窄而短的页面上，这样不仅方便滚动浏览，也可以让你的眼睛在浏览笔记的时候离摄像头近一些。此外，你也可以在摄像头正下方贴一张写了要点的便笺。

理想的情况是，1分钟内最多停下来看一次笔记。如果频繁地查看笔记，演讲的节奏就会拖沓。如果把要点一条一条地列出来，你会更容易记住要讲的内容，也就不需要时不时地看笔记了。这也是缩小目标范围和添加强有力的信息的好处之一。

如果你忘了自己想说什么，那就去冷静地查看笔记。你的冷静能让全场听众保持冷静、富有耐心。

要打动全场，你必须至少在90%的时间里与全场听众有眼神交流。稍做停顿，记住你要讲的下一个要点。

把你的"火车"重新拉回轨道上

丽兹·维拉斯奎兹是TED100强演讲者之一，在演讲《如何定义你自己》中，她讲述了自己高中时的经历。她并没有准备任何笔记。当时，她发现有人上传了一段8秒钟的视频，说她是世界上最丑的人。该视频的播放量超过400万次。在成千上万条评论中，她看到有一条这样写道："丽兹，求求你，帮这个世界一个忙，用枪指着自己的头，去死吧。"

这令她伤心欲绝。随后她意识到："我的生命掌握在自己手中。我可以选择让自己过得更好，也可以选择让自己过得很惨。我可以心存感激，睁开眼睛，感受我拥有的东西，并让这些东西来定义我。我有一只眼睛看不见，但另一只眼睛能看见。我可能经常生病，但我的头发真的很漂亮。"听众席里有人喊道："没错！就是这样！"她笑了，然后把手放在头上："你们把我的思路打乱了！"

这对许多演讲者来说可能是个失误，但对丽兹来说不是。她只是问台下的听众："我刚刚说到哪儿了？""你的头发！头发！"他们大声喊道。她谢过他们，继续说了下去——这没有任何问题。

即使你不打算用笔记，把它放在身边、口袋里或桌子上也是可行的。当然，如果你要用幻灯片，可以把笔记打印出来或者存在你面前的笔记本电脑里。不要用手机或平板电脑看笔记，这样看起来像是你在上台前才临时记下了一些想法。

为了让打印出来的要点更便于阅读，你可以把字体调到18磅或更大，并且只打印在页面的上半部分到三分之二处。把笔记打印在卡片纸或提示卡上，不会突显你紧张得发抖的双手，也不会让你在麦克风前显得惊慌失措——用普通纸张就有这样的风险。如果你用的是讲台——不用的话更好（后面会讲到细节）——尽量把你的笔记放在较高的位置，离听众越近越好。这样一来，当你低头查找下一个要点时，可以缩短眼睛必须移动的距离。值得注意的是，你可能需要放些东西压住记笔记的卡片，防止它滑下来。

另外，还要给卡片标注页码。我有个客户在上台的时候把记笔记的卡片掉在地上了，这些卡片没有标页码，杂乱地散落在地板上，给她造成了意想不到的压力。

换个方式准备笔记，你会很容易找到下一个要讲的要点。

像专业歌手一样和听众互动

眼睛不再盯着笔记，接下来就加强和听众的互动吧。大多数演讲者扫视全场的速度太快，给人留下不安或紧张的印象，从而削弱了与听众之间的互动。千万不要这样做。你的目光要在每位听众的脸上停留3~5秒。在讲完一个句子或者讲到该停顿的地方时再移动目光，从容自若地看向下一位听众。一定要从容地流转目光——你也不想像机器人一样按部就班地把目光依次投向不同的听众吧——就像人工洒水器那样。

如果看过专业歌手在舞台上的表演，你会发现他们在表演时眼神坚定，绝不飘忽。这是你在非专业歌手身上看不到的。不过，这些专业歌手并非生来就擅长在舞台上与观众进行眼神交流，他们练习过——对演讲者来说也是如此。

与一位听众眼神交流3～5秒后，再把目光投向下一位听众。

别把尴尬与无效混为一谈

既然我已经教了你一些演讲技巧，那么是时候预测一下你在使用这些技巧时的感受了——尴尬。改变就是会令人尴尬。如果不习惯停下来看笔记，那么你在这样做的时候就会感到不自在。在我牵头组建的演讲训练强化小组里，我让学员在同伴面前尝试这些方法时，他们说："停顿的时候感觉时间静止了。"他们的同伴则反驳道："对我们来说好像不是这样的，我们的感觉舒服多了。"

当你有意识地研究力学的时候，你看起来就会很机械。不过，不要放弃努力。再多练习几次，机械的外表就会逐渐消失，更强大的你就会出现。例如，想与听众建立联系时，你努力挺起肩膀，以加强与听众的眼神交流。刚开始练习的时候，你可能看起来像在跳机械舞，但坚持一段时间后，你与听众的联系就会更加紧密，你的存在感也会增强。

过了尴尬这一关，便是阳光大道。

对话的语气

流利的口才是一个陷阱。如果你追求的是生动、流畅，很可能会失去对现场的把控，而一味地依赖笔记。如果你低头读稿，就无法与听众进行眼神交流，声音的力度也会变弱。至于效果，往好了说是平淡乏味，往坏了说就是会失去听众的信任。

如果你打算死记硬背，请三思。就算你记住了，听众也会发现无法与你产生共鸣，你只是跟随脑海里的"提词器"在朗读而已。听起来你就像在背书，表现得很不自信。这样一来，听众就不会再听你的演讲，而是开始神游，想着自己待会儿该去干点儿什么。

演讲的时候别想着流利。把你要传达的信息传达出去比口才流利更重要。提炼演讲稿的要点，分项列出，以此作为笔记。允许自己在演讲的时候用不同于初版演讲稿的表达——这一点很重要。想要把控全场，成功传达观点胜过死记硬背、口才流利。

你要慢慢地学会使用对话式语气。像布琳·布朗那样的顶级演讲者的演讲风格就是对话式的，听起来像是和朋友聊天。当然，他们会在某个时刻展现雄辩之才，但大多数时候听起来还是像在对话。

只要不再想着展示自己流利的口才，而是专注于传达信息的精髓，你就会自然而然地在超过90%的时间里和听众进行眼神交流，眼神交流的好处就会自然产生（更讨人喜欢、更聪明，被认为更应该得到较高的薪水），你承受的压力会变小，你的演讲方式会更像对话——这是展示自信最微妙的方式之一。

为了让演讲方式听上去更像在对话，你一定要使用一些日常的口语表达。我有一位美国南部的客户，她在讨论季度计划时会说"I'm fixin' to……"（我准备去……）。2007年，时任参议员的奥巴马会说"fired up and ready to go"（燃爆了，走你）。别怕用缩写。"I am fired up"（我被点燃了）和"I'm fired up"（我很兴奋），哪个听起来更像日常对话？

用对话的语气传达信息的精髓。

让你的手势和声音具有画面感

常言道："过犹不及。"巧克力吃多了就不怎么好吃了（我试过），葡萄酒喝多了就不觉得美味了（有时候我就是不长记性），声音听多了也是如此。如果一直用对话的语气演讲，你就很难让听众在一段时间内保持专注。为了让电路始终处于接通状态，你该怎么做呢？

办法有很多种，比如阶段性地在你的声音里加入充满活力的片段，或者让你的声音变得有说服力；找到需要强调的语句，并通过你的双手来加强语气等。我们来做个"A/B测试"。打开手机，用录音软件录下你要说的话：

A.不做任何手势，说："这是个大好的机会！"

B.重复上面的话，但这一次在说到"大好"这个词的时候要做手势。假装你正在用双手比画冰箱的宽度。不要关注自己说的是什么，把注意力放到手势上。假装你前面有一张薄纸，举起双手，用力划破这张纸。这只是做实验，所以不用担心自己的动作会速度过快。

接下来回放手机录音，你会发现，自己声音的力度有了很大的变化。在第二个版本中，在手部动作的提示下，你会发现自己的声音更有力量、更有权威感。增加声音力度最简单的方法是关注手势，而不是声音。想象有一个看不见的绳子和滑轮组合将你的手和声音连接起来，手部动作会通过滑轮牵引声音的爆发。

活力四射

假如有一位神经科学家长时间工作，并且承认自己没有社交生活，对于这位科学家，你的脑海里会浮现出哪些印象呢？书呆子、满脸皱纹、沉默寡言？纽约大学神经科学教授温迪·铃木似乎跟这些都对不上号。

在TED舞台上，她戴着猫眼眼镜，穿着鲜艳的蓝色衬衫，面对黑压压的人群，表现得活力四射。她的研究重点是大脑中对形成和保持长期记忆至关重要的部分。在这个领域潜心钻研多年之后，她做了一件任何一位终身教授都鲜少会做的事——改变自己的研究方向。她说："我遇到了非常神奇的事，它有可能改变很多人的生活，我必须去研究它。"

她解释说，虽然在改变研究方向之前自己事业有成，在自己的领域里也逐渐赢得了名声，但她很痛苦。"我没有社交生活。我绝大部分时间都待在暗室里听那些脑细胞的声音，身边一个人也没有。我一动不动地坐在那里，体重增长了11千克。"

为了摆脱痛苦，她参加了漂流旅行。"我是一个人去的，因为我没有社交生活。"听众哈哈大笑，她接着说，"回来后，我心想：'我的老天，我竟然是那趟旅行中所有成员里体力最弱的。'"于是，她将主要注意力放在运动上，她发现自己心情变好了，精力有了很大的提升，身体也变得强壮了。这让她有动力回到健身房。

一年半后，她减掉了11千克，发现自己能够比以前集中和保持注意力更长时间，而且长期记忆——她在实验室的研究主题——似乎也变得更好了。"就在那时，我把一切都连接起来了。也许我在日常生活中做的那些运动正在改变我的大脑，也许我在自己身上做了实验，但自己没发现。"

目前，铃木正在研究运动对大脑的影响给生活带来的益处，为此她还考了证，成了一名持证上岗的健身教练。在主题为"运动为大脑带来的好处"的演讲中，她让整个会场充满了"电能"，这"电能"从她的手臂和声音中散发出来。她说，人们最常问的问题是，对大脑有好处的最小运动量是多少。听众们听后都笑了起来。对此，她回答道："首先，好消息是，你不必成为铁人三项运动员才能得到这样的效果。"在说"你不必"的时候，她挥动着双手，就像裁判一开始就判定赛跑的人胜券在握一样。这是你在她的演讲中会看到的无数个活力四射的画面之一。

演讲快结束时，她让听众起身做了一些简单的有氧运动，呼叫声和回应声此起彼伏。当她高喊"此刻我如火燃烧"时，她缩回了拳头，像运动员在获得胜利时一样挥动起来。她确实点燃了全场，她的活力神奇地感染了听众，听众的回应甚至比铃木还要热情。不到几秒钟，整个会场都燃爆了。他们坐下来听铃木把话讲完，顷刻间又跳起来为她的观点鼓掌。当然，也为她的活力鼓掌。

通过视频在线发表演讲时，表现出活力四射的一面更加重要，因为与现场演讲相比，视频演讲的效果略显平淡。

错误的建议

我每周都会听到这样的话："很多年前就有人告诉我，不要做手部动作，因为那样会分散听众的注意力。"没错，确实有些人会频繁地做手势，看起来像在野餐时驱赶苍蝇一样。不过，他们很少会做出明确的手势，即手势配合演讲的内容出现。做出与内容不协调、会分散听众注意力的手部动作很容易；结合演讲内容设计有目的性的手势需要费些心思，但这些手势会为你的活力和声音增添画面感，而不会分散听众的注意力。一般来说，"不要做手部动作"是个错误的建议。TED100强演讲者中大多数人一半以上的时间都在做手势。

你可能看过某些动画电影，但你看过配音演员为动画电影配音吗？卡梅隆·迪亚茨、约翰·利思戈和麦克·梅尔斯为电影《怪物史莱克》配音的镜头非常棒。他们都站着，手部动作明显让角色的声音鲜活起来。当然，我们在电影中看不到他们的身影，但能从他们的声音中听出角色的鲜明个性。

我有一个客户叫格雷格，在讲述他从事的国际咨询工作时，由于声音条件的限制，声音明显不够抑扬顿挫。于是，他尝试使用更明确的手势。他变成了一个使用手势的信徒。现在，我每次碰到他，他都会特意热情地跟我打招呼。他会张开双臂，说："很高兴见到你！"他的肢体动作和他的声音都在诉说着喜悦，让我忍不住想拥抱他。

给你的声音增添逼真色彩的简单方法

如果只是想给自己的声音增添逼真的色彩，你很快就能做到听起来像是在大声朗读儿童故事，试图让故事更有趣。这用在幼儿园教学中非常合适，但在演讲会场就不合适了。只有设计好手部动作，才能让你切切实实地做到抑扬顿挫。

我们的双手可以为语言表达提供很多帮助。明确的手势可以让听众理解更多的言语暗示。以下6个建议会对你有帮助。

1.**列举**。如果你对听众说，你想和他们分享3个重要观点，就可以在一一罗列时挥动手指，在空中比画对应的数字。请记住，动作要快，快到能打破想象中的那张薄纸。做这个动作的时候不要用手指着你的听众。列举重要观点时辅以手势，可以帮助你清晰而坚定地传达信息。

2.**描述时间、群体或数量等因素**。如果你讲述的是一段时间内发生的事情，可以摊开手掌做一个切入的动作，将时间定格在想象中的水平时间线上。要从听众的角度而不是你的角度确定时间线的走向，也就是从他们的左手边到右手边。我曾见过沃尔玛的首席执行官道格·麦克米伦用手势谈论工资和他所谓的机会阶梯。谈到不同的工资时，他把双手放在面前假想的梯子上。他强大的领导气质很大程度上得益于他的手势和权威的语气。

3.**强调形容词和副词**。使用一些描述性的词语，如"大的""小的""巨大的""爆炸了的""增长"和"缩小"等，并用手势表达出来。你不会想把演讲演出来，也不会想让你的演讲看起来像在打哑谜，那就抓住描述性词语和短语的精髓，用你的手部动作去传达信息。

4.**在适当的地方定格手势，以示强调和庄重**。TED100强演讲者埃丝特·佩瑞尔在演讲《重新思考婚外情——给所有经历过爱情的人》中谈到了不忠这个棘手的话题。她演讲的时候非常自信。她的威严是通过眼神交流、加强语气的停顿和明确的手势流露出来的。"我将婚外情一分为二来看：一方面是伤害（伸出左手）和背叛（停住不动），另一方面是成长（伸出右手）和自我发现（停住不动）。婚外情给你带来了什么？对我又意味着什么？"她将每个重要短语都通过眼神交流传递给某个听众。手部动作停下来时，她仍然看着接收上述观点的某个听众。然后，她把目光转向下一位听众，说出下一个重要短语。

人们往往会过早地停下手部动作，这让他们呈现出的状态大打折扣，对听众产生的影响也颇为有限。再来做个"A/B测试"吧。这一次，你要说的仍然是"这是个大好的机会"，但在强调"大好"时，试着把双手停在胸前，就像你在空中托举着想象中的物品一样，停留2秒再放下。把这个动作和你还没说出"机会"这个词就把手放下的动作比较一下。

5. 引导听众的注意力。摊开手掌，向给你发言机会的会议主席致谢，或者指向你身后的屏幕（如果你想让听众看屏幕）。想象你的双手正在空中指挥交通，目的就是吸引听众的注意。

6. 说开场白的时候就开始做手势。这个动作会让你放松下来，让你看起来更自在、更自信。

当然，也有可能太过夸张。我们都有可能做出一些难登大雅之堂、会分散听众注意力的手势。手势可以让你在演讲时更有魅力，但如果手势做得太多，听众就很难把你当回事。如果你有很多多余的手部动作，那就停下，让双手得到休息，然后更专注、更有目的地使用它们。

如果你是一个不爱做手势的演讲者，突然在演讲中加入一些手部动作可能会显得不太自然。下次开电话会议的时候，你可以趁没人看见，试着做一些手势。说不定他们隔着电话能听到你的声音是那么清晰、坚定，透着一股权威，而这一切都是由你的手势主导的。根据铃木的说法，双手动起来会改善你的大脑功能。如果想进一步提升你的演讲水平，那就站起来，给你的膈一个机会（增强声音力度），让你的声音传播得更远。

让你的双手动起来以增强声音力度，是改变你演讲方式的有效方法。

在本章中，我们将继续探索增强声音力度的方法。我们先把手势的话题聊完。你应该不会想全程使用手势，那么不做手势的时候你该用双手做什么呢？

镇静（双手版）

经常有人问我："不做手势的时候，双手应该怎么放？"人们不知道该把手放在哪里。有意思的是，我们的双手已经附着在我们的躯干上几十年了，在大多数情况下，它们都不会给我们带来麻烦。可是，当我们站上舞台面对听众，胳膊和手就显得与身体格格不入，笨拙得要命。

双手该怎么放？你有好几个选择。

你可以把它们一起放在肚脐前方。做这个动作时，可以松松地十指相扣、将一只手的手背放在另一只手的掌心里，或者两只手随意地触碰。只要确保你在紧握双手时不会显得紧张就行。

不要将双手并拢放在肚脐以下的位置，那看起来就像你没有穿衣服一样。而且这个动作会让你不自觉地含胸驼背，肩膀下垂，这很影响仪态。如果你把双手放在肚脐前方，肩膀就会微微向后挺，仪态自然也会改变。把双手放在肚脐前方是无数高管的首选站姿，例如脸书的雪莉·桑德伯格、沃尔玛的道格·麦克米伦。美国有线电视新闻网的安德森·库珀和加拿大广播公司的伊恩·汉诺曼森这样的知名电视记者，出镜时也会保持这样的站姿。

你还可以将以上站姿稍做改变。想象自己正用双手端着一个自助餐厅的托盘，如果你的双臂和腰之间有一定空隙，二者不会直接接触到，那这个方法就有效。

站立时，身体不可以松弛。松弛的站姿会让你看起来并不轻松，好像在紧张地等待着觐见皇室成员，显得局促不安。不要在台上整理裤子或裙子，要选择剪裁合身的衣服，也可以系一根腰带，让裤子或裙子显得挺括、整洁。

我还有一个建议：不要将双臂垂在身体两侧。否则，你就会含胸驼背。说得好听点儿，你整个人会显得僵硬；说得难听点儿，你会像原始人一样，一点儿也不优雅。

为了消除手部动作的干扰，请不要在口袋里乱翻。如果你喜欢带一些叮当作响的东西，请不要带到台上。如果你是在一个不太正式的场合演讲，把手放在口袋里是没问题的，只是不要把口袋当成"避难所"，收留你那无处安放的双手。

在演讲的10%到20%的时间里尽量不要做任何手势。记住，有意识地练习做手势或者不做手势，你都会觉得难为情。不要因为感到尴尬而错误地以为这样的练习没有效果。如果你在放松的环境里练习不做手势，并且养成了习惯，那么一旦到了紧张的环境，你就知道怎么管好自己的双手了。

十指交叉，放在肚脐前，以保持镇定。

在线演讲的图像定位、灯光和声音

在线演讲时，如果你展现了活力四射的一面，听众却感受不到，这确实很遗憾。针对这种情况，可以在演讲时做一些调整。以下是我的3个建议：

1. 找到更好的拍摄角度。将摄像机放在和眼睛齐平或稍高于眼睛的位置，找到一个更好的角度。你可以把笔记本电脑放在可调节高度的支架上。如果你用的是手机，可以把它固定在合适的三脚架上。给镜头加框，至少保证头和上半身在框里。这样一来，就能在保持姿势时更靠近听众，与他们亲密互动。拍摄时尽量保持背景干净整洁，以减少干扰。

2. 光线要恰到好处。最好有一个主要光源，即主光源，还要有一个次要光源，即补光。主光源可以是从窗户射进来的自然光，最好能以45度角打在你的脸上，这会在你脸的另一侧产生一些阴影——少许阴影有助于增加清晰度，而清晰度对拍摄非常重要。如果阴影太多，你可以用补光来降低对比度。不要坐在阳光直射的地方，也不要太靠近明亮的窗户，否则会把自己拍糊。如果光线太亮，你可以在窗户上贴一两层纸挡光。

3.烘托你的声音。地毯、家具、窗帘和床罩都有隔音效果，可以阻挡潜在的回声。另外，花点儿钱买个麦克风，就能明显提高音频效果。需要注意的是，将麦克风放在离嘴15到30厘米的地方，效果会更明显。

进行在线演讲时，对自己的外表和声音做一些小小的改变。

展现活力与停顿

"我刚入职场时就有人告诉我，如果说话的语速更快，大家就会觉得我更聪明。"哈利勒在一间铺着棕色地毯的会议室里对我说道。当时，我们正在会议室所在的两层楼的酒店里和他的同事一起做沉浸式演讲者训练营项目。

"谁告诉你的？"我问他。他说他不记得了。我告诉他，语速过快，听众根本听不清他在说什么，更别提会认可他提出的新观点了。

"那我该怎么做呢？"他问道，"我知道应该让语速慢下来，但我做不到。而且我喜欢看到人们因为我抛出的观点而兴奋！"

哈利勒并不是唯一一个陷入语速过快这一困境的人。纽约人说话语速都特别快，平均每分钟能说200个单词。TED100强演讲者平均每分钟说165个单词，其中语速最快的是肖恩·阿克尔和托尼·罗宾斯，分别为每分钟230个单词和231个单词。我每次看阿克尔的演讲，都得检查一下有没有把播放速度设置成1.5倍速——事实上并没有。

"我在笔记上写了个'慢'字，提醒自己要慢下来。"那些试图放慢语速的人这样告诉我。"对你有用吗？"我问。他们十有八九都说没什么用。"搞得我说话听起来像个机器人，所以我还是用回了原来的语速。"他们回答道。或者，他们会说："我一开口说话就忘记看这个'慢'字。"

我告诉哈利勒："听众之所以喜欢你，部分原因是你活力四射，富有感染力，这种活力正是通过快节奏传递的，还是别改语速了。"见他一时有些糊涂，我接着说，"我补充一句——你可以用更频繁、时间更长的停顿来中和你的快节奏。"我停了一下，给他时间，让他慢慢消化这个建议。

"在对你要说的下一个观点充满期待之前，听众可以利用停顿来消化、赞赏你刚刚分享的观点。"考虑到他是个艺术爱好者，我补充道，"想象一下，我把你放在一张带轮子的办公椅上，推着你在现代艺术博物馆里绕圈，我一边跑一边说：'快看，那里有莫奈的画，那里有马蒂斯的画，那里有凡·高的画。'你觉得我跑出多远后你才会喊'停！我要细看'呢？同样的道理，你要给听众时间，让他们了解你的作品。"

> **我处理音符的技巧并不比别人高超，但是音符之间的停顿，那才是体现艺术的地方。**
>
> ——阿图尔·施纳贝尔（钢琴家、作曲家）

稍做停顿，这很容易想到，但很难做到。下面的几个方法既能提升你的演讲水平，又能点燃听众的激情，供你参考。

想知道怎么给自己提醒吗？

我们一紧张语速就会加快，并且根本慢不下来。所以，当你感到紧张时，稍做停顿就显得尤为重要。你能做些什么来促使自己暂停下来，中和前面的快节奏？这时可以抛出几个反问句，提醒自己踩刹车。这样做的好处是，你将进一步吸引听众，因为谁都不可能佯装没听见反问句，不是吗？

TED100强演讲者每隔1分钟就会提出一个反问句。2015年3月，莫妮卡·莱温斯基在温哥华做题为《羞辱的代价》的TED演讲时告诉听众，在另一场会议上，一个27岁的男人试图搭讪她。"他很迷人，我受宠若惊，但我拒绝了。你们难道不想知道他跟我说了什么吗？"她停顿了2秒多，听众都被她的问题吸引了。你几乎可以感觉到他们满心期待地朝她靠了过去。"他说他能让我重拾22岁的感觉。"

提出反问，稍做停顿。

在数词后停顿

列举时，说完数词应稍做停顿。我在亨氏公司工作的时候，比尔·斯普林格是负责北美业务的总裁。他在说出"首先"之后会停顿一下，然后说："在未来的1年内，有6件事，只有6件事是我们要关注的。首先是……金枪鱼。"

养成说完数词就停顿的习惯，让你的观点停留更长时间。

找出重点

用停顿来强调并隔断重点词和次重点词。斯普林格是这样利用停顿来抬高重点词的："首先是，（停顿）金枪鱼（停顿）。"如你所见，他在说重点词"金枪鱼"前后各停顿了一下。在重点词前后设置停顿，可以起到突出强调的作用。这样一来，听众可以更清楚地听到你说的某个重点词，中和你在演讲时过快的语速。

说完重点词要停顿。

像里根一样赢

记得要说短句，说完之后要停顿。写作高手可以很快在文稿里多写几个从句，如果把这种倾向用在语速快的表达中，听众可不会买账。你的演讲稿中一定要有短句，要尽量砍掉长句。问问自己："如果是海明威，会怎么说呢？"罗纳德·里根在总统任期内说话一直都简短有力，1984年竞选连任时也是如此。在一次竞选活动中，他将自己领导地位的乐观前景浓缩为一句话："黎明重现美利坚。"他果然赢了。

> 说完短句要停顿。

如果用上面提到的办法来提醒自己注意停顿，你就可以更持久地中和快节奏，使整场演讲的节奏变慢。不过，要保持快节奏传达的活力，只需要中和掉一点儿就行。这样做的好处是，语句稍做停顿会彰显演讲时的庄重感——等你开始将停顿与其他技巧相结合，我们再来详细探讨这一点。

在着重强调的观点和情感点之后停顿

B.J.米勒是美国旧金山大都会健康中心的临终关怀和安宁疗护医生兼顾问。他是在一次差点儿要了他的命的痛苦经历后走上这个工作岗位的。当时他还在上大学二年级，某天，他和几个朋友喝了一夜酒，凌晨4点，他爬上了一辆停着的通勤列车车顶。一爬上去，11000伏的电流就从某个设备传到了他的手表上。

几天后，他在附近的烧伤病房中醒来了。他在那里接受了几个月的治疗和多次手术。现在，他是一个三肢截肢者。正是那次经历，让他对护理系统的结构有了深入的了解。

这个系统中不乏才华横溢的优秀人才，其中有些还是救过他性命的主治医师。但这个系统也有缺陷。在米勒看来，医疗设计的疾病导向并不合格。这一点在将护理作为中心的临终关怀阶段体现得最为明显。与此相反，米勒认为医疗设计应该以人为本。

距离那次意外过了25年，米勒坐在围着TED舞台排成同心圆的绿色椅子上，台下鸦雀无声。在演讲《什么才是临终前真正重要的事》中，他邀请不同的听众参与到更大规模的对话设计中来，讨论如何将意愿和创造力带入死亡体验。米勒提供了3条设计线索来重新思考和设计我们是怎么死的，其中一条是允许出现一种惊奇和灵性的感觉。研究表明，这是我们濒临死亡时最重要的一种感受。为了说明那种感觉无处不在，米勒回想起一个下雪的夜晚。当时，他在美国新泽西州利文斯顿圣巴纳巴斯医疗中心接受了几个月的治疗。那天晚上，他无意中听到护士们抱怨在雪地里很难开车，而他只能想象厚厚的雪，因为他住的那间病房没有窗户。

第二天，一个护士偷偷送了一个雪球给他。"我无法向你形容，我把它握在手里时的狂喜，以及它滴落在我灼热皮肤上的寒意。我也无法向你形容，我看着它融化成水的那种痴迷，这一切都太神奇了。那一刻，对我来说，在茫茫宇宙中，成为这个星球的一部分比我自己的生死更重要。那个小小的雪球凝聚了我需要的所有启示，让我明白我要努力活下去，即使生命到了尽头也没关系。在医院里，那是偷来的时刻。"

米勒是TED100强演讲者，原因显而易见。他让这样的非凡时刻充满了美妙的停顿。我用括号在停顿的地方做了标记。请你把下面这段话再读一遍，在标注停顿的地方停下来思考一下。

我无法向你形容，我把它握在手里时的狂喜（停顿），以及它滴落在我灼热皮肤上的寒意。我也无法向你形容，我看着它融化成水的那种痴迷（停顿），这一切都太神奇了。那一刻，对我来说，在茫茫宇宙中，成为这个星球的一部分比我自己的生死更重要。那个小小的雪球凝聚了我需要的所有启示，让我明白我要努力活下去，即使生命到了尽头也没关系（停顿）。在医院里，那是偷来的时刻（停顿）。

设计可以带来感官上的满足，我们可以在某一刻因为活着而得到奖赏。米勒建议把厨房当作临终关怀病区最重要的组成部分。这个建议出人意料，因为这个阶段的患者大都吃得很少，甚至根本就不能进食。他解释说，厨房可以提供许多层面的支持，包括气味，以及他说的象征性层面的东西。"说真的，在我们的屋檐下发生的所有重大事情中，我知道的最多人尝试、最好用的护理干预措施之一就是烤饼干。"说完，他停顿了12秒，然后继续说，"是感官将我们联系在一起，让我们觉得自己是人。吃饼干的时候，只需要一种感官——嗅觉。这就够用了。"

米勒告诉听众，他身体的一部分多年前就死掉了。他指了指自己的假肢，承认我们都经历过失去。"我不得不围绕这个事实重新规划我的生活，我告诉你，意识到你总能在往后余生找到震撼人心的美好或意义，你就得到了解脱，就像那个雪球在那个完美的时刻存在着，同时开始融化。如果热爱这样的时刻，那么也许我们可以学会好好活着——不是不顾死亡，而是因为死亡。"他停了3秒才把话说完，"让我们向死而生，死亡并不只是死掉而已。"

花点儿时间，想想你认为听众对此会做出什么样的反应。

停下来寻找原因。在演讲中设计反思的环节。

用词恰到好处会给人留下深刻的印象，但没有什么词语比恰当的停顿更有效。

——马克·吐温

有分量的停顿赐予你力量

如果想让自己的演讲更有分量，首先你得有话可说。这一点我们已经讨论过了。接下来，你要把话说得有分量。只有自己知道哪些是要点是不够的，你必须告诉听众哪些是最值得他们关注和深思的地方。停顿就是把话说得有分量的入门技巧，在这一点上，你能做的还有很多。

如果你同时运用几种演讲技巧，它们起的作用就会更大。例如，假设你在和某位听众对视时说了一段简洁有力的话，然后你没有把目光移开，而是望着他停顿片刻，那么你刚刚说的那段话就在无形中增强了力量。我称之为有分量的停顿。在停顿前陈述的事实比其他要点回忆起来更容易，所以一定要在说完重要的观点后停顿一下。

电视剧《白宫风云》中有这样一个情节：巴特勒总统正在总统办公室里和他读高中的女儿佐伊谈话，就在前一天，佐伊的人身安全受到了威胁，当时她正和穿着考究的资深记者在大学的酒吧里见面。

巴特勒告诉佐伊，等她秋季入学时会增派安保人员，佐伊表示反对。她说特工处担心巴特勒被暗杀，正忙得焦头烂额。巴特勒说，和对她被绑架这件事的恐惧相比，这根本算不了什么。他描述了一个可能发生的情景——她在海外遭绑架并被扣为人质。他几乎绝望地喊道："这个国家不再有什么总统，取而代之的是一个失去理智的父亲，因为他的小女儿被关在乌干达中部某个地方的窝棚里，被人拿枪指着头。"然后他停顿了一下，问道，"你明白了吗？"他的脸上是一个父亲在想象自己的孩子性命堪忧时的那种神情。

他一边说，一边看着佐伊。说完后，在长达8秒的停顿中，他的目光一直没有离开佐伊。这一幕着实令人震撼。减少停顿时间，或者移开目光，这种震撼的力量就会消散。

下面我们来试试有分量的停顿。想一想什么事是你会建议别人去做的，而且真的能让他们的生活朝着积极的方向改变。给你的建议写个简短的说明，比如"学会风帆冲浪，你将体验到以一种新的方式生活的刺激"，然后录下以下2组镜头：

1.说话时眼睛扫视整个房间。

2.说话时目光锁定房间里的一两个固定点，假设这些点是留给听众的位置（我是假设房间里只有你自己）。例如，可以把电灯开关和门把手当作两位听众，把目光聚焦在这两样东西上。

在第二组镜头中，我会一边说"学会风帆冲浪"，一边看着电灯开关，然后停顿一下，将目光转向门把手，接着说："你将体验到以一种新的方式生活的刺激。"我会在说到"新的方式"时停顿一下，同时目光仍然停留在门把手上。如果你想展开说，在继续使用有分量的停顿时，应该将目光转移到第三个焦点上。

在提出一系列发人深省的问题时，你可以用同样的方法达到很好的效果。埃丝特·佩瑞尔在谈到婚外情时就是这样做的。作为一名执业心理治疗师，她发现，通常有婚外情的人不是在寻找别人，而是在寻找另一个自己。

她在演讲时解释说，婚外情往往发生在当事人最近一次遭遇亲人离世等不幸事件后，因为这些不幸事件会引发问题。在抛出以下每个问题时，她都会看向某位听众，与之进行眼神交流，然后停顿片刻，依然与对方对视，接着转向下一位听众。

· 是这样吗?（停顿，保持对视，然后将目光转向下一位听众）

· 还有别的吗?（停顿，保持对视，然后将目光转向下一位听众）

· 难道我还要像这样再活25年吗?（她的眼神有些躲闪）

· 我还会有那种感觉吗?（停顿，保持对视，然后将目光转向下一位听众）

佩瑞尔认为："也许正是这些问题促使人们有了婚外情，而有些婚外情是为了对抗行尸走肉般的生活，被当成拯救麻木的解药。"她从世界各地出轨的人那里听说，婚外情让他们觉得自己还活着。不过她也明确表示，她不喜欢婚外情，就像她不喜欢癌症一样。

只要听过她的演讲，你就会感受到站在舞台上的她举手投足间彰显的自信，以及通过有分量的停顿传递给听众的确定无疑的力量。太多的演讲者在激昂陈词后停顿的时间过短，导致在不经意间丧失了力量，丢失了庄重感。

停顿时保持眼神交流，能增强演讲的力量。

魅力杀手——不流利和补白词

人们对魅力的定义各不相同，但研究发现，有着非凡魅力的演讲者通常被认为充满热情、耀眼迷人、有说服力、激情四射、令人信服，而且绝不无聊乏味。未达到最佳标准的演讲风格会迅速削弱你努力营造的个人魅力。看了这本书，你的魅力会更上一层楼。

要摧毁演讲者的魅力，最快的途径就是增加不流利的次数——不流利是个人魅力的克星。不流利是指流畅的语言被打断，比如使用"嗯""啊"等语气词、反复说同一个词、把没说完的话重新说一遍等。不流利的情况越严重，个人魅力的等级就越低。语言不流畅也会导致表达不清，降低听众对演讲者传达的信息的信任度，从而削弱演讲者的说服力。

你知道从1940年到1996年所有的美国总统就职演说中出现了几处不流利的情况吗？在这56年间，所有的演讲共计12.595万个单词，没有出现过不流利的情况——一处都没有。

许多人根本没有意识到自己在演讲中用了"嗯""啊"等语气词，以及"有点儿""稍微"这样的限定词，这让他们的语气听起来不是很确定。我们可以用"补白词"来概括这些逐渐减弱和分散注意力的声音。想知道自己是否用了补白词，最简单的办法就是把自己的演讲录下来，然后数一数自己在1分钟内说了多少个补白词。

TED100强演讲者平均每分钟使用2个以上的补白词。如果英语是你的第二语言，你可能会发现在这100位演讲者中，把英语作为第二语言的人比母语是英语的人更少使用补白词。

如果你想少说补白词，与其话到嘴边又使劲咽回去，不如干脆闭嘴。对大多数人来说，多停顿就能减少使用补白词。如果你想尝试，那就在句子有逗号或句号的地方停顿一下。

演讲遇到不流利的情况，不要说语气词，用停顿代替。

不确定性和升调语式

许多人在陈述句结尾会用升调。想象一下，如果我用疑问的语气对你说"我很高兴来到这里"，你肯定不会相信我说的话，因为我用了升调语式。升调语式的特点是不完整、不确定、不自信，因为语调是上扬的。

研究发现，如果人们说的话是错误的，语调有64%的概率是上升的。相比之下，如果他们说的话是正确的，只有33%的概率会用升调。因此，听众有理由相信，用升调语式是对自己说的话缺乏信心的表现。

说话以平调或降调收尾，会提升你的庄重感，让听众对你更有信心。

回顾、引述

人们经常问我："有哪些事情是最优秀的演讲者会做而其他人不会做的？"我给出的一个答案是，他们会通过回顾人们最近说过的话来证明自己当时就在现场。他们会在舞台上或者会议室里做这件事，完全是即兴发言，事先并没有机会做任何准备。肯·罗宾逊爵士第一次站在TED舞台上发表主题为"学校会扼杀创造力吗"的演讲时，回顾了前一天晚上一位年轻音乐家的演出："……我们都认同一个观点，这些孩子的特别之处正是他们的创新能力。我觉得昨晚赛丽娜的表现着实令人惊叹，不是吗？看看她能做些什么。她是个例外，但我认为她在整个童年时期并没有显得例外……我的观点是，所有孩子都是伟大的天才，我们却无情地浪费了他们的天赋。"

我有一个朋友在美国总统初选期间参加了一次市政厅会议。先是5位社区领导人发言，然后一位总统候选人起身对聚集在美国农村的一个谷仓里的民众发表讲话。他在讲话中多次提到5位社区领导人当晚说过的话。现场的听众都听得入了迷——入迷的远不只他们，全国民众都被迷住了，他们果断地选他为总统。我见过代表不同党派的总统用一种大多数演讲者不会用的方式来使用这个技巧。

有时候结果也会适得其反。某个周六上午9点，一位领导在蒙特利尔一家酒店的宴会厅里说："在这座城市度过了一个愉快的夜晚，这么早就看到这么多人准时来到这里，真是令人惊讶。"这句话本身没什么问题，问题是他用了念的方式。说这句话的本意是想让它听起来像是扫视全场后的肺腑之言，结果却显得毫无诚意。

相比之下，还是另一位领导有头脑。"很高兴今晚能在这里与大家相聚。让我们暂停一下，感谢我们的餐饮经理德里克。德里克，你今年又一次超越了自己。我经过摆着开胃小菜的桌子时，听到盖尔说：'我的天哪，这个虾轮比马车轮子还大。我这辈子还从没见过这么漂亮的海鲜展览。'今晚在座的400位客人心情都很好。他们的好心情很大程度上要归功于你，因为你总是让我们吃到这么好的美食。谢谢你。"

引用盖尔的话不是事先计划好的。这句即兴回顾的话发自真心，让演讲者的感谢更有分量，还营造了令人愉快的现场气氛。

引用别人说过的话，表明你确实认真听了，还能提示你在说的时候要做到像在交谈一样，这样做也能点燃现场的气氛。

互动

说"是的"

如果有为演讲者设立的星光大道，托尼·罗宾斯将是第一批入选的人之一。他有打动全场的能力。毫无疑问，他对演讲现场的把控力比其他任何一位TED100强演讲者都突出。

"如果你没有实现目标，别人会认为原因是什么？他们会怎么说？"在发表主题为"我们为什么要做所做之事"的TED演讲时，罗宾斯这样问听众。这不是反问，他是在提示听众，让他们说出自己的答案。听众的回答有知识、金钱、时间、技术、经历。还有一个让人意外的答案："最高法院。"

罗宾斯笑着指了指说话的人，嘴里重复着"最高法院"四个字。他跳下舞台，大笑着朝那个人走过去，和他击掌。那个人就是艾伯特·戈尔。全场爆发出热烈的欢呼声和掌声，因为戈尔刚刚提到，他在2000年总统选举中落败是因为最高法院的判决。罗宾斯回到舞台上，等现场的听众安静下来后，解释道，有人说他们缺的是资源，其实决定性因素是缺乏智谋。他告诉戈尔，如果他能在竞选演讲时多煽情，没准就能赢得2000年的选举。全场再次燃爆，有人大喊："是的！"

罗宾斯、听众和戈尔之间的交流还在继续，罗宾斯暗示情绪有可能对事情的结果起决定性作用，随后他问道："你们知道我在说什么吗？说'是的'。"听众们热情地齐声回应，深信不疑。罗宾斯掌控全场的积极互动接通了电路，燃爆了全场。这真是个奇迹。

你的听众中可能不会有艾伯特·戈尔，当然你也不是必须有他在才能与听众互动。如果是在线演讲，能调动屏幕前听众的积极性有利于保持与他们的亲密互动。这就跟现场举手投票一样简单。"如果你在一家遭受过网络攻击的公司工作过，请举手。"然后你迅速扫视全场，一遍、两遍都可以："差不多有一半的人都举手了。阿曼达，看你的表情，工作得不开心吗？……"

与听众互动，吸引他们，把控全场，接通电路，点亮全场。

来点儿轻松的气氛

心理学家肖恩·阿克尔是个有趣的学者，他的研究对象是离群索居的人，而他自己就喜欢离群索居。

阿克尔每分钟制造的笑点几乎比任何一位TED100强演讲者都多——听众几乎每分钟笑2次。让他甘拜下风的只有玛丽·罗奇——她说的那个有关性高潮的撩人话题把很多小年轻逗得咯咯直笑，一脸难以置信的表情。在主题为"改善工作的快乐之道"的演讲中，阿克尔制造的笑点几乎是TED100强演讲者平均水平的4倍。部分原因可能是他语速更快，所以在规定的时间内说得也更多。

他认为我们对成功和幸福的理解都是错误的。2011年5月的一个清晨，在美国印第安纳州的布卢明顿，阿克尔向一群人讲述了他与新英格兰[1]一所著名寄宿学校的领导之间的一次谈话。那个领导在电话里很兴奋地向他介绍一年一度的健康周："周一晚上，我们邀请世界一流的专家就青少年抑郁的话题发表演讲。周二晚上的话题是校园暴力

---

1 美国东北部六州（缅因州、佛蒙特州、新罕布什尔州、马萨诸塞州、罗得岛州、康涅狄格州）的总称。——编者注

和霸凌。周三晚上的话题是饮食失调。周四晚上的话题是非法使用药物。周五晚上的主题，我们想在危险性行为和愉悦感中选一个。"听众们哈哈大笑。

阿克尔接着说："大多数人的周五晚上都是这样的。"这一次，听众不但笑了，还为他的幽默鼓起了掌。他太厉害了。

他随后的一番话抓住了听众的心。他说："我很高兴你们喜欢（我说的话），可他一点儿也不喜欢。电话里一片寂静。为了打破沉默，我开口说：'我很乐意去你们学校演讲，但你们说的那不是健康周，而是疾病周。你们列出了所有可能发生的负面事件，积极正面的事情却提都没提。'"

作为一名乐观的心理学家，他解释了为什么我们的思维是有缺陷的。如果工作更努力，你会认为自己会更成功，然后就会很快乐。但是每次你达到了一个目标，你的大脑就会把成功的门槛继续提高。如果快乐总是被不停提高的门槛阻挡，你就永远也得不到它。

于是，阿克尔主张人们转换顺序。如果一开始你的大脑就处于积极的状态，那么你会比消极、没什么情绪或紧张的时候表现得更好。他用数据来证明这一点，并表明当你处于积极的状态时，你的智力、创造力和能量会提高。他用幽默让听众在那一刻振作起来，全场的气氛也就调动起来了。幽默真是演讲的调味品。难怪他的演讲会产生如此大的影响力。

很多客户经常问我幽默有多重要。懂幽默固然好，但它不是成为伟大演说家的必要条件。幽默是吸引听众、调动全场气氛的好方法。研究发现，幽默有助于调动学生上课的积极性，但不能提高他们的成绩。如果你考虑在演讲中加入幽默的元素，不妨先认真回答以下**3**个问题：

1.你幽默吗？你说幽默的话的时候，听众的反应是沉默、抱怨还是大笑？如果答案是前两者，那说明你的幽默还差点儿意思。

2.你的幽默适合这类听众吗？很多人都见过这样的例子：某个演讲者讲的笑话可能在酒吧或者更衣室里反响不错，但并不适合出现在会议室里。

3.幽默适合你的演讲主题吗？如果你的演讲主题是婴儿营养不良，那么你在制造笑点时就会受限。如果你要讲的是教育体制辜负孩子的做法，你要攻克的难关会更多。肯·罗宾逊爵士的TED演讲风趣幽默，很大原因是这种风格非常适合他的演讲主题。

如果你没有信心对这3个问题都做出肯定的回答，那么你想在演讲中尝试幽默很可能会得不偿失。每个人都知道你讲了个笑话，而你的笑话一点儿都不好笑——没有什么比拙劣的幽默更能摧毁你的自信了。

当然，如果你只是想让语气轻松一些，就不会在意听众是笑了还是没笑——语气转换是另一个能调动现场气氛的"大杀器"。

幽默是为了轻松的氛围，不是非要把听众逗笑。

自曝缺点

没有什么比自嘲更能快速地赢得人们对你的喜爱了。我在听众面前聊起台风时，常常自嘲个子矮，还要竭尽所能凸显存在感——"我没穿厚底鞋，谢谢。"自嘲的确可以振奋情绪，引起共鸣，让你变得有亲和力。

作家伊莎贝尔·阿连德在主题为"激情的故事"的TED演讲中对听众说："让我介绍一下我的4分钟成名经历。奥运会开幕式的一位组织者打电话给我，说我被选为旗手之一。我回答说，你们肯定是认错人了，因为我离运动员这个身份实在太远。确切地说，我甚至不确定在没有助行器的情况下我能不能绕着体育场转上一圈。"听完她自嘲式的自我评价，你会更喜欢她。

丹尼尔·平克在准备演讲时介绍了自己的一段求学经历："在法学院求学期间，我的成绩不怎么好。说得好听点儿是成绩不怎么好，真实情况是，我那一届90%的同学都比我成绩好。我这辈子没做过一天律师，我没有资格，我做不了。"平克乐于拿自己的学习成绩开涮，这表明自嘲式的自我评价肯定能带动现场的气氛。

可以自曝缺点，但不要削弱你的可信度。

美国威斯康星州的听众

由杰森·贝特曼、威尔·阿奈特和肖恩·海耶斯三位好友共同主持的播客，因融合了明星效应、机智幽默的对答和谦逊的态度而迅速走红。该播客的名字叫作"低智"，这个名字谦虚地低估了一档节目的价值，因为这档节目从主持团队到嘉宾都是具有时代精神的名人。

肖恩会说："对美国威斯康星州的听众来说，威尔说'受阻'时，他们想到的是他参演的情景喜剧《发展受阻》。"他们几乎每一集都会提到一位听众——肖恩在威斯康星州的妹妹，就像他们只能在播客上吸引到这一个粉丝的关注一样。事实上，他们节目的排名能挤进全球前10名。这是他们让自己和节目接地气的一种方式。

用谦逊的态度增加人性化和轻松的格调。这一招够聪明。

以轻松的心态看待成见

"好了，你们已经听我说完了，我也知道你们在想什么——这个女人有法国口音，她肯定支持婚外情。"在埃丝特·佩瑞尔关于出轨的演讲接近尾声时，她说，"其实，你们猜错了。我不是法国人。"听众们笑着鼓掌，她又补了一句，"而且，我不支持婚外情。"

她的话能引人发笑，是因为法国婚外情的历史众所周知，多位总统的婚外情都被曝光过。这招儿管用的原因在于出人意料——虽然佩瑞尔有法国口音，但她竟然不是法国人，而是比利时人。因为她的目的是营造轻松的气氛，所以即使听众没有笑，也达到了目的。

如果你要调侃听众的刻板印象，最好让他们评论你。当然，你说的话不能太难听。

以轻松的心态对待听众的刻板印象，可以进行无伤大雅的调侃。

真相的核心

关于工作与生活之间的平衡，奈杰尔·马什已经研究了7年。他在主题为"如何达到工作与生活的平衡"的TED演讲中，把自己的心得总结成一句话告诉了听众："成千上万的人都在平静的绝望中煎熬，他们夜以继日地干着他们厌恶的工作，目的是购买他们不需要的东西，来讨好他们不喜欢的人。"说完，听众都笑了，因为他们都认同他发现的这个可悲的事实。听众笑完又鼓起了掌，他继续说："我的观点是，周五穿牛仔裤和T恤去上班并没有真正触及问题的核心。"说得太对了。引人发笑是意外的收获。如果听众没有笑，也没什么关系，因为和埃丝特·佩瑞尔一样，他要的是轻松的气氛，并不是刻意制造笑点。

给冷酷无情的事实找点儿乐子。

用题外话披露秘密

会话式题外话（插入语）是给你的演讲注入轻松气氛的好方法。我在演讲中偶尔会引用别人的话，有时候我还会添加会话式题外话调动现场气氛。例如，在说到缩小目标范围时，我可能会引用你读过的法国哲学家伏尔泰的名言"做一个惹人厌烦的人的秘诀就是告诉别人一切"，然后轻声对身边的听众说："顺便说一句，我从来没读过伏尔泰的文章，我也不想假装读过。我只是太喜欢这句话了！"我知道麦克风会捕捉到这句题外话，并让现场的听众听到，我很期待他们听到这句话后做出的反应——他们一定会做出反应的。

提前准备好这些题外话还是很有用的，不过在说它们的时候，你必须看起来像是即兴发挥，才能起到调动气氛的作用。

准备好题外话，再轻声说出来——但要让所有人都听到。

我正在准备即兴发言。

——温斯顿·丘吉尔

稳住阵脚

你有可能会在演讲的过程中因为太兴奋而走来走去，因为你在研讨会或礼拜场所看到某位振奋人心的演讲者做过类似的动作。我的建议是什么呢？动作不要那么快。移动脚步有可能会分散你的注意力，消耗你的精力。这样做好处不多，坏处不少。把注意力和精力放在本章概述过的调动现场气氛的技能上（眼神交流、用对话的语气说话、展现活力与停顿），得到的回报要比放在移动脚步上大得多。

一旦养成了这些高回报的习惯，那么你就可以将一些必要的走动整合到自己的技巧中。在此期间，站着别动就好。肯·罗宾逊爵士因为小儿麻痹症而行动不便，然而站在一个地方不动并没有损害他掌控全场的非凡能力。不过，这说起来容易做起来难。

许多人通过不必要的走动来释放能量。假设你的身体里有一根大弹簧，你紧张的时候，就好比弹簧被压紧了。弹簧需要松开才能释放能量，而能量的释放往往是通过你的双脚来实现的。你会发现自己的重心从一只脚上转移到了另一只脚上，你开始在听众面前走来走去，或者像关在动物园笼子里的老虎一样四下踱步。大多数演讲者不知道自己其实没必要在舞台上走动，因为这些动作都是无意识的。

努力克服这种下意识走动的习惯，稳住阵脚，不要走来走去。如果你走来走去，台风就不够稳健。要是除了站着不动，你不用做别的事，那做起来也不难。可一旦需要思考演讲的内容，并通过眼神交流、展现活力和庄重的举止等方式来传达内容，你的双脚往往就会变得不听使唤。

要训练自己原地不动，可以试着站在活动挂图纸或锡纸上，因为如果你移动脚步，纸马上就会变皱。你的目标是让下半身保持不动，让脚下的纸不发出声音。如果你站立时两脚分开的距离比肩膀略宽，你就很难把重心从一只脚上转移到另一只脚上。现在就站起来试一试吧。

看一个人的站姿就知道他会不会玩乐器。

——迈尔斯·戴维斯

"可我喜欢站在讲台后面，因为有了讲台，我就能站着不动了。"我经常听到有人这么说。除非你是在法庭上，或者是在发表国情咨文演讲，否则就不要借助外力，要把你和听众之间的障碍都撤掉。虽然有讲台挡在前面你会更自在，但它确实会妨碍你与听众的交流。

如果把讲台撤掉，你照着笔记念的可能性就会降低。如果会议组织者说他们想做TED风格的演讲，意思就是演讲的主要内容和风格都要有TED的特点——现场发表、内容深刻、靠故事情节推动演讲、不设讲台。

一旦站姿稳定了，就试着原地不动，坚持至少30秒，尤其是在演讲开场的时候。如果你已经为更高回报的习惯形成了肌肉记忆，下面这些方法可以帮你整合一些动作。

开始的时候，可以稍微移动你的双脚，借机摆正姿势，让你的目光扫视整个会场。隔几分钟重复一次。研究证实，当你把身体朝向正在听你说话的人时，你会以一种更积极的态度与他们交流。另外，坐在会议桌周围的转椅上也可以使用这种方法。

然后，有目的地走动。走回去指着屏幕上的某个特定的词语或图片（但不要对着屏幕说话），然后回到舞台前方或者靠近会议桌的位置再详细说明。当然，你可以站在屏幕旁边发表一两个观点，但不要长时间停留在那里。

你也可以更换位置陈述观点。站在舞台的一边简要说说使用Python编程语言的优点，再走几步到舞台的另一边，说说该编程语言的缺点。如果在一个更大的舞台上演讲，你也可以和坐在不同区域的听众交流。但是，阐述观点的时候，最好站着别动，稳住阵脚。

如果你要表达的观点非常重要、非常感人，不妨在陈述的时候更靠近听众。研究表明，演讲者近距离面对听众，会更有说服力和主导力。演讲的时候，只有站稳了脚跟，说出来的话才更有分量。

争取在演讲的九成时间里站立不动。想象自己站在圆形的TED地毯上，双脚不能离开地毯——这样你就不会像浴缸里失宠的玩具一样漂来漂去了。

演讲时最好大部分时间都站着不动。当你养成了别的调动全场气氛的习惯，再在你的技巧中加入有目的的走动这一项。

6

利用问题
——让问答环节大放异彩

一声"哎哟"毁掉了一场竞选

2011年11月9日，在一场决定美国共和党总统候选人的全国辩论中，得克萨斯州州长里克·佩里开始回答问题。他的表现被《卫报》评价为"美国近年来政治史上最丢脸的辩论表现之一"。

"我上任后要裁掉3个政府部门：商务部、教育部……嗯……第3个部门是什么来着？让我想想……"州长卡壳了。竞选初期，他曾一度在民意调查中占据领先地位，支持率达到30%。虽然没记住第3个部门的名字，但他还是设法暂时保住了适合电视镜头的形象——他留着"肯娃娃"式的棕色头发，穿着黑色西装，内搭笔挺的白衬衫，戴着堪称总统候选人"标配"的象征权力的红领带。

佩里和其他几位候选人开起了玩笑。在他停下来苦思冥想的时候，其他几位候选人给了他提示："环境保护署？"这一听就不对，引得佩里和所有人都哈哈大笑。笑声很快变得尴尬起来，因为每个人都意识到他们正站在风口浪尖上，一不留神就会丢了面子。

"当真？你当真不记得第3个部门是什么？"主持人没打算放过佩里，而佩里多希望此时能蒙混过关。

"我想撤销的第3个政府部门是，嗯……嗯……商务部，让我想想……"他顿了顿，又缩了缩下巴，仿佛下巴挡住了他看演讲稿的视线。他把演讲稿翻过来，希望答案能自动现身，可惜没有。"让我想想……我想不起来。第3个部门，我想不起来。对不起。"他一边说，一边侧着身子点头，像是要甩掉耳朵里进的水。然后，他转身看向右边的候选人，说了声"哎哟"。

佩里在辩论中的表现毁了他的竞选——他本来有机会与威拉德·米特·罗姆尼和赫尔曼·凯恩一争高下的。前一分钟，他还是有望入主白宫的重量级候选人，而在"哎哟"之后，他就只能去《与星共舞》[1]了。

对佩里来说，认为问答环节危机四伏一点儿也不为过。对我们普通人来说，后果通常没有那么可怕。如果你能灵活地回答问题，展示你对专业知识的掌握，让听众对你有信心，问答环节也可以是一个让你大放异彩的机会。

沃伦·巴菲特在问答环节明确要求听众提出尖锐的问题，他说："我更喜欢'快球'。"不管"球"扔得有多用力，他都会像打垒球一

---

1 美国广播公司于2005年夏天推出的历时8周的舞蹈比赛类真人秀节目。——编者注

样把它们打飞。他在回答某个问题时引述了12年前的日本利率，竟然能精确到小数点后三位，真是记忆力惊人。

计算机没有什么用处。
它们唯一能做的就是告诉你答案。

——巴勃罗·毕加索

有选择地进行问答

如果有很多问题，通常来说，你可以选择回答其中几个。下面有几条准则可以帮你做出决定。

一般来说，听众人数越多，问答环节的作用就越小。许多有内涵的听众不太愿意当众提问，他们努力维护自己才智超群的形象，害怕自己说的话不得体。剩下的那些人通常喜欢哗众取宠、夸夸其谈，甚至别有用心，这些人往往不太擅长提问。我见过法里德·扎卡利亚面对1000名专业人士进行演讲，在回答问题之前，他做得都非常出色。如果他能延长主题演讲的时间，那么每个人的时间都能得到更好的利用，但是，问答环节制约了他。

如果没有问答环节，你就能自信十足地达到你的目的，而且你也看到了开放问答环节、自由发言的风险，那就不要这样设置问答环节。如果听众提出的问题是你从来没遇到过的，你担心自己答不上来，那么设置问答环节就特别有风险。如果对外输出的演讲你能尽心尽力地准备，但接收的问题是你无法掌控的，你就可以选择避开问答环节。

相反，如果问答环节可以提高你实现目标的可能性，那就去做吧。如果你提出一个有争议的观点，需要争取听众的支持，不让他们说话，不许他们质疑，对你实现目标也没好处。敞开心扉，让他们问。这也让你有机会调动现场气氛，与听众进行生动的交流。

在设立问答环节之前，先权衡一下利弊。

风险管理VS棘手问题

一想到要被问尖锐的问题，许多演讲者就会很紧张。虽然不能保证不会碰到刁钻的问题，但你可以在问答环节之前减少这类问题出现的可能性。

第一，你要确保自己讲的内容都是切题的、令人信服的，不能模棱两可。如果做不到，听众也许就会渐渐失去耐心，加大质疑的力度。换句话说，就是要遵循以下步骤：缩小目标范围，备好"箭筒"，构建强有力的信息。

第二，说话要有自信。演讲的时候语气不坚定会给人留下不确定的印象，听众更有可能质疑你、考查你。千万别让盘旋的鲨鱼闻到血腥味，要让现场的气氛活跃起来。

第三，预估你可能会被问到的问题，并准备好答案。即使没有被问到这些问题，你也会更加自信地走进会场，因为你知道自己已经做好了准备，就等着好好表现了。有时，你可以去找那些认识听众的人，或者与他们相似的人，问问他们："关于我要演讲的主题，你觉得他们会问我哪些刁钻的问题？"

我们从TED100强演讲者、宇航员克里斯·哈德菲尔德那里了解到，NASA（美国宇航局）深知对无数灾难场景进行预测和提前演练的重要性。克里斯曾在一次太空行走时短暂失明，正是这样的训练让他能够保持冷静。当时，他的眼睛里都是黏糊糊的东西，有好几分钟什么都看不见。他镇定下来，耐着性子眨了眨眼，又清理了一下眼睛，完成了太空行走。后来，他发现他的短暂失明是头盔里的防雾混合物进入眼睛导致的。

按流程准备演讲，勤加练习，可以降低问答环节的风险，便于你处理棘手的问题。

问答环节要冷静

进入问答环节，许多技巧可以让你脱颖而出。首先是要把问题听完。一名年轻的诉讼律师在加拿大金斯顿的一家律所向健康法律小组的同行做了报告，然后接受了提问。还没听完第一个问题，他就点点头，转身从提问者身边走开，一副"我知道你要问什么，我知道怎么回答"的架势。他的表现傲慢无礼。与之相反，经验丰富的政客往往在这方面做得滴水不漏，他们会等对方问完问题才表示自己做好了回答的准备，即使这个问题他们经常被问到。要记住，人们总是希望别人能认真听自己说话。

把问题听完，让自己沉下心来思考。想一想，这个问题是否还隐含着另一个更深层次的问题——他们问的是关税问题，还是想打探你看待自由市场的立场？

多给自己一点儿时间。只要不至于尴尬，在回答之前都可以多留一些时间思考。思考的时候，不要一边往后退，一边望着天花板，嘴里念着语气词，而是要表现出镇定的样子——站立不动，保持眼神交流或者低头看笔记（即使那上面没有答案），还要允许自己适时地停顿。

如果你没听懂问题，可以要求提问者换一种说法。你也可以按照自己的理解换个说法，再让提问者确认是否正确。这样做能表明你在认真听，并且希望自己没有听错。

你也可以考虑分点回答，例如："有几个要点，首先（停顿）……其次（停顿）……"如果你愿意，还可以增加第3个要点。这种回答方式预留了停顿的时间，让你有时间思考。它还要求你的演讲内容做到清晰、简洁、有说服力。做到了这几点，你就有信心了。除非你确定自己能记住所有的要点，否则就不要给自己挖坑，在回答问题时不要明确地说出要点的数量。如果佩里州长一开口说的是"我上任后要裁掉几个政府部门，首先是商务部……"，他就可以在说完2个要点后结束回答，那么，他就不会那么快失去总统候选人这个身份了。

把问题听完，留出时间稍做停顿，复述问题，尽量分点回答。

不知道也没关系

害怕问答环节的一个原因是担心被问倒。下面有几个策略可以让你保持冷静，在想法不够成熟时及时做出反应。

在某些情况下，你可以问："能给我讲讲你为什么要问这个问题吗？给我一些背景信息。"等他们详细解释时，你就知道自己该说什么了。还有一种做法是将问题转交给现场的其他人来回答。我知道硅谷的一家科技巨头在每周的全体大会上都会采用这个策略，首席执行官收到问题后，经常会把问题转交给其他与会领导来回答。如果你也想用这个方法，最好提前几秒通知对方。例如，你可以说："我要把这个问题交给克里斯来回答。在转交之前，我先声明一下我的观点……"

有时候，你还可以把问题抛回给听众："总的来说，我们在调动现场气氛方面积累了很多经验。你们有人处理过这种情况吗？如果有，什么方法有效，什么方法无效？"我有一个客户在第一次做主题演讲时就采用了这个方法，效果非常好。你可以引导听众做出回答，并在别人说话时思考。如果你想做点儿什么，可以说："对此我有一些想法。在我分享之前，我们先问问听众，听听他们有什么想法，他们觉得哪些方法可行或者不可行。"如果你具备专业知识，但不了解相关背景而无法提供具体的解决方案，可以先缓一缓，然后讲解基本原理。例如，你可以说："我需要对你的情况做进一步的了解，但现在我可以告诉你用哪些基本原理来确定最佳的方案。"

最常见的办法之一就是承认自己不知道答案。不知道也没什么大不了的，主动调查再跟进就行了。如果要求听众多透露几个提这些问题的原因，就像上面建议的那样，你会重新拿回一些主动权——他们的回答可以指导你的研究，所以你最终可以回答得更好。2008年5月，时任参议员的奥巴马在竞选时被问及对清理美国华盛顿州汉福德核废料场（科学家曾在那里制造过原子弹）这件事的立场。

"这是你很难从政客那里听到的话——我对汉福德核废料场并不了解，所以我不知道那里究竟发生了什么。"奥巴马平静地走向提问者，说道，"话虽这么说，不过我向你保证，在我离开这里回机场的路上，我一定会去了解的。"

奥巴马给自己留了一条退路，你可能也给自己留过退路。我有一位高级客户叫特丽，她对下属训话前会说："没有什么话是不能收回的。我不止一次地说过：'我想了想我之前说过的话，觉得那个回答还不够深思熟虑。以下是我认为更有用的方法……'"

如果你被问题难住了，可以把问题转给其他人回答，可以提供一般性的指导，也可以主动提出调查，稍后再给出结论。

解决胶着的情况，化解尴尬的境地

说得越多，就会遇到越多让你焦头烂额的窘况。准备好几个策略，有利于你迅速解除危机。

对付好出风头的人，你要考虑在演讲一开始就给足他们面子——对他们大加赞赏。得到了赏识，他们也许会有所收敛，不会总想着卖弄自己的学识。在两次不同的演讲中，我看到听众席里坐着同一位退休法官。在第一场演讲中，他在问答环节滔滔不绝地说了好几分钟，却没提一个问题。在第二场演讲中，演讲者在听众席里认出了他，朝他挥手致意，夸他经验丰富，还对他说："这样吧，法官先生，稍后我可能要邀请您帮我回答几个问题。"法官点点头，那神情仿佛老师刚刚宣布他得了最高分一样。结果他在问答环节一句话也没说。

在与说话啰唆的听众交流时，你得用轻松愉快的方式结束对话，例如，你可以说："咱俩今晚应该去酒吧来一次突破性的大讨论。既然我们还在这里，那就给其他人一个参与的机会吧。"话说到这里，你可以转过身去，看向会场的另一边，请其他听众提下一个问题。

针对说话自大、傲慢的人和别有用心的人，你要表现出你已经听到了他们说的话的样子。和大多数人一样，说话自大、傲慢的人和别有用心的人都希望得到公众的认可。即使你不同意他们的观点，也要让他们知道你已经认真听了，你可以这样说："听起来你决心（插入观点），我明白为什么（回顾他们的部分论据）。我完全理解。其他人则有不同的观点。我们给他们一个机会提纲挈领地讲讲他们的……"或者说："我们还可以从另一个角度看待这个问题……"

面对不怀好意的提问者，你要控制住脾气，尽量从他们对事实的解读和评判中找出真相："听你的意思，那个人开会迟到了5分钟。你认为这是缺乏组织纪律性和不懂尊重的表现。是这样吗？"先试着讨论事实，就事实达成一致后再讨论他们对事实的解读。一旦澄清了事实，你也可以询问他们有没有别的合理的解释。在许多情况下，检查并询问你是否回答了问题是很有帮助的。

将事实与解读区分开来，促进更富有成效、更尊重对方的交流。

适度使用的策略

你可以在适当的时候说"这个问题问得好"，以便给自己留下思考的时间。但是，如果你每次回答都用这句话开头，就会显得不太真诚，听众就会看出来你是在拖延时间。不是所有的问题都是好问题，所以这句话不能随便说。

同理，不要重复每一个问题，除非你确定有听众没有听到。不过，偶尔也可以重复问题来强调你的回答。斯泰西·艾布拉姆斯在市政厅被问到如何监管大型科技公司时就是这么做的，她的回答效果就很不错。"这个问题是，'我是否认为应该制订一个监管计划，来关注一种全新的美国经济的发展？'是的。"台下掌声雷动——居然是在西雅图[1]。待掌声平息下来之后，她回答了这个问题。

最后，如果只想回答你希望他们问的问题，而绕过实际被问到的问题，你就是在踩雷。无论如何都要回答听众一开始提出的问题，然后才可以扩展到其他相关且重要的问题，切忌直接越过听众提出的问题。

重复对方的问题只限于两种前提：一是为了确认你听懂了复杂或表述不清的问题，二是现场有听众没有听清问题。

如果你对问题仍有疑问，或许你会有兴趣上网或借助其他媒体深入研究一番，从中学习回答某些错误问题——问题的出发点就是错误的或者观念是错误的——的方法。（提示：不要重复或赞同错误的前提。）本章提到的方法足以让大多数人熟练应付大多数非媒体的问答环节。

如果你精通自己的业务，就会在问答环节大放异彩。在走进会场之前，先预演一下如何回答刁钻的问题，即使最终这类问题并没有出现，你的信心也会得到提升。

---

1 西雅图是一个大型科技公司云集的城市，被誉为航天之都、软件之都、云计算之都、电商之都。前文中提问者所提问题的意涵是，制订监管计划，对科技飞速发展的西雅图的科技公司进行经济监管，关注其经济发展状况，有一种针对已知事物做未知实验的感觉。——编者注

7

刻意练习
——增强你的信心

一家大型化妆品公司的负责人说过："我们不卖化妆品。我们卖的是希望。"照这个逻辑，我们也可以说，我们不卖演讲培训，我们卖的是自信。在某些时候，你会对演讲感到焦虑，无论是在与同事共同出席的每周例会上，还是在周年大会上，你都希望能树立自信。

紧张不安的新闻节目主持人

"10天之后，我要在卡尔加里对着800人演讲，我很紧张。"这是我收到的一条信息。其他人在演讲之前紧张并不奇怪，但这个人紧张就是怪事了——他是布鲁斯·塞勒里。他刚从纽约回来，他在纽约做过多年商业新闻节目主持人，每天都面对大批听众讲话。他刚刚在一个商会上发表了演讲，有听众写信告诉他，他们非常喜欢他的演讲。

如果一个老练、睿智、风趣的记者兼极有造诣的演说家都会紧张，那其他人紧张就再正常不过了。无论是在公共场合演讲，还是在会议上或课堂上发言，一说话就焦虑是最常见的社交恐惧。

在一次内容策略会议结束后，我问塞勒里："你现在感觉怎么样？"塞勒里说："感觉好极了。我得稍微改改，在飞机上就能做。不过这次感觉真是太好了，紧张的感觉消失了。"只要演讲稿准备妥当，他就知道自己可以满怀信心地演讲。

接下来要探讨几个对每个人都有效的化解焦虑的策略，无论你是塞勒里这样的职业演说家，还是仅仅需要演讲的人士，都有机会用到。

排练归来

四大集团之一的企业融资集团做了一项分析，以弄清他们在推销新业务时应该做些什么，才能提高成功率。其中最重要的是进行团队排练。这很有道理。这是一种强制机制：为了排练，你必须做好准备。通过排练，可以看出谁准备好了，谁还没准备好。与其寄希望于第一次见客户时任何问题都会自动迎刃而解，不如让你自己和团队提前做好准备。

相信我，临场发挥效果不会更好。你以为自己可以做得更好，其实，你要么是自欺欺人，不肯接受现实，要么是偶尔一次走了运而已。

"我不喜欢排练，但我知道排练会让演讲效果更好。"一位客户说，"就像大力水手吃菠菜一样，它能让你变得更强壮。把时间花在排练上总比搞砸了再挽回要好。"这说得没错。

无论是体育、音乐还是商业领域，专业人士都会排练，而业余人士通常不会。

做好以下9个步骤，你就等着震撼全场吧。

1.如果写了演讲稿，那就从演讲稿着手。坐下来大声朗读。大声朗读的效果是默读的5倍。

2.把重点短语——可以起到提示作用的短语——加粗。练习演讲时，只使用粗体短语作为提示。允许自己演讲时的表达和初稿里的表达有所不同，便于你调动现场气氛，与听众交流、互动。这一步可以坐着完成。

3.站起来重复第二个步骤。

4.再重复一遍第二个步骤，但这次要把重点放在演讲上：停下来参考笔记；练习3~5秒的眼神交流；用手势强化要点……

5.从你信任的朋友或同事那里征求建设性意见。这是摆脱忧虑、建立自信的好方法。在你专注于需要改进的最重要的领域时，建设性意见比正面反馈更有用。问问他们你可以采取哪些行动，你的演讲会更上一层楼，也能控制想象中适得其反的想法。

6.把排练录下来。这样做，方便你了解别人对你演讲的反应。即使从理性的层面上理解，视频也能帮助你发自内心地感谢这些反馈。虽然你可能不喜欢看视频中的自己——大多数人都不喜欢——但你很可能会大吃一惊。许多人在回顾了自己的表现后都说："比我想象的要好。"更让他们感到震惊的是，在之后的视频中看到的微小改进对演讲效果产生了巨大的影响，还让他们树立了信心。

7.如果有可能，尽量去现场排练。带上你在演讲中要用到的所有设备——麦克风、灯光、幻灯片、显示器和演示遥控器等。了解设备的工作原理可以激发演讲者的自信。令人惊讶的是，很多人在演讲开始之前经常需要进行故障排除——这些问题最好提前解决。对视听支持团队要友好并尊重他们，不要害怕要求他们帮你做出调整，例如改变显示器的位置或者笔记的格式。

8.演讲当天，提前到现场试音，确保一切正常。尽量喝温水或者放至室温的水，因为喝太凉的水会使声带收紧。对了，还要学会如何把麦克风调成静音——进洗手间前最好再仔细检查一下麦克风是否处于静音状态，免得像亚历克·鲍德温在《我为喜剧狂》中扮演的角色那样陷入尴尬。

9.相比演讲的核心部分，你要多排练开场白和结束语。很可能中间的核心部分你已经很熟练了，所以开场白部分会让你显得有些紧张。练好开场白和结束语，会让你从头到尾都游刃有余。

好好排练，你的演讲会更出色。

值得庆幸的是，毅力可以代替天赋。

——史蒂夫·马丁

以为自己很紧张，其实那只是错觉

你或许以为自己脸上紧张的表情非常明显，其实并不是。你感觉紧张的程度和你看起来、听起来紧张的程度是有差异的。虽然你感觉到自己的手在颤抖、声音快要嘶哑、手心直冒冷汗，但听众不会注意到这些细节。

许多人在演讲结束后会告诉我和他们团队的同事，他们非常紧张。我让他们用数字1~10来描述自己的紧张程度（1表示自信满满，10表示非常紧张）。然后，我请听众用同样的标准来评估演讲者的紧张程度。一般来说，演讲者自己打的分数都比听众打的高——通常是听众的2倍。

你可以尝试在演讲的时候录像。在看录像之前，预估一下你的紧张程度。然后看回放，看看你看起来有多紧张。如果发现自己看起来并不像你感觉的那么紧张，就不会那么焦虑，表现也会更上一层楼。这比陷入恶性循环要好得多——焦虑的人感觉自己很紧张，就会越发紧张。

提醒自己，你看起来并没有那么紧张。

训练营式提升

培训是有效果的。许多研究表明，练习能让你提升效率、增强信心。在其中一项训练中，一组学生在接受包括实践和反馈在内的指导之前，接受了演讲技巧和自信心的评估。培训结束后，学生们重新接受了评估，结果所有针对技能发展和自信心的分值都有了明显的提高。

	培训前评估（目标行为百分比）	培训后评估（目标行为百分比）
手势	12%	81%
目光接触	4%	98%
演讲行为，包括舞台站位、感谢主持人、与听众打招呼、引入主题、提问等	13%	100%
综合评分（7=优秀，1=不合格）	2.2	5.5
你在演讲时有多自信?（7=非常自信，1=非常不自信）	3.6	5.9

资料来源：斯蒂芬·B.福西特和L.基斯·米勒，公众演讲行为训练：实验分析与社会验证，《应用行为分析杂志》第8页，第2期（1975）：125-35

在牵头完成演讲者基础训练强化项目的几十年里，我看到过同样的进步模式。

接受培训，提升自信。

关注外界

不管你乐不乐意，演讲的时候，你总是会受到正式的或非正式的评估。知道自己要被评估时，你就会更加焦虑。研究表明，与没有高度焦虑的人相比，高度焦虑的人与听众眼神交流的次数更少，紧张的手势更多，看笔记的频率也更高。

你演讲的内容也会被评估。如果听众对你的内容感兴趣，你的焦虑就会减轻——即使听众对内容的评价很消极！为了在演讲内容和演讲方式上得到尽可能有利的评价，你知道该怎么做——缩小目标范围、备好"箭筒"、构建强有力的信息，并点亮全场！

以这种方式做准备，还会将你的注意力从消极的自我关注（我担心自己听起来像个白痴）转移到积极的他人关注上（我怎样才能帮助我的听众）。不要把注意力放在自己身上，而是要放在听众身上。把注意力放在他们身上，你的焦虑就会减轻。

在演讲时，你可以想象自己是在对着一个人讲话，而不是一群人。你应该还记得我之前的建议——和对方对视3~5秒，加强互动，突显你的存在感。这种方式还能帮你做一系列小型的一对一演讲，让你感觉更有个性、更轻松。这也是西蒙·西内克的方法。

"如果注意听，你就会发现我已经学会了充分利用我掌握的技能。我性格内向，不喜欢在社交场合受关注，这些技能让我成了优秀的公众演讲者。跟人交流让我紧张，但我喜欢跟人交流。"西内克指着一个人并看着他说，"所以，你会注意到，我演讲的时候就是在跟你说话。"他指着下一个人并看着对方说，"然后和你说。"他指着第三个人并看着对方说，"然后是你。"他接着说，"这确实能让我更好地与听众沟通。"

如果重复同样的准备过程，并持续得到好的结果，你就会对过程本身抱有信心。下一次准备时，你也会期待得到积极的结果，建立起自信。

你准备得越早，就能越早减轻焦虑，越早提升信心。不必花太多时间准备，尽早开始缩小目标范围就可以了。

做好准备，将目光投向听众，一次只与一位听众对视。

追求平和

如果不得不面对许多人演讲、面对消极的人演讲，或者面对所在领域的其他专家演讲，你的焦虑程度可能会增加。请尝试想象自己是在一小部分非专家的态度友善的听众面前演讲，建立起你的自信。

二十几岁时，我在国际演讲会[1]待了3年，这让我有机会和那些态度积极、乐于助人的会员一起练习公开演讲。国际演讲会是一个非常不错的组织，会费也不贵。对于那些时间紧迫、想快速提升演讲水平、资金充足的人来说，还有更高效的提升方式，比如参加由专家主

---

1 一个非营利的教育组织，致力于提高会员的演讲技巧、沟通技巧以及领导力。成立于1924年，总部位于美国加利福尼亚州。——编者注

导的强化课程。

一位客户告诉我："每年12月，我都要给几百人做年度演讲，听众中还有执委会的成员。因此，每当劳工节[1]一过，我就开始紧张了。"我向他提出挑战，要求他在对一小部分初级专业人士演讲时逐渐增加难度。他后来经常这么做。"现在，直到演讲前2周，我才会感到紧张。终于不用提前3个月就忐忑不安了。"他反馈道。

面对一小部分能给予你帮助和支持的听众演讲，让你有信心面对让你紧张的听众。

刻意练习

职业高尔夫锦标赛是为期4天的高压比赛，奖金丰厚，观众多达数百万人。所有压力将在周日比赛收官时达到顶峰。你能向高尔夫专业人士学习的最简单的事情是什么？练习。在高尔夫练习场练习，在比赛中练习。日积月累的练习能让你建立自信。正如泰格·伍兹所说的："我只是觉得，能够坦诚地说我以前做过这样的事，会带来心态上的平和。这就是我一直以来感受到的平和。"

为了充分利用练习，在压力不大的时候，要一次专注于一件事。高尔夫球手称之为"挥杆意念"——挥杆时只思考一件事。演讲也可

---

1 美国的劳工节在每年9月的第一个星期一。——译者注

以做同样的练习。在例行的圆桌会议上，你可以只关注眼神交流。在一段时间内，比如一星期内，除了眼神交流，不理会其他的演讲技巧。然后将注意力转移到另一种表达技巧上，比如停顿。在委派任务时，就可以练习停顿的技巧。如果在几乎没有压力的情况下一次只做一件事，你就会养成习惯。当你把新的习惯层层叠加时，它们的力量就会增强。

如果试图同时关注太多的事情，你就会陷入混乱，感觉就像你在揉肚子、拍脑袋、单脚跳上跳下的同时，还倒着念字母表。这只会让你受挫，削弱你的信心。所以，专注于一件事，并使之成为习惯吧。

刻意练习一次只做一件事，养成高价值的习惯。

你不能做那个站在滑水道顶端却犹豫不决的孩子。
你必须顺着斜道滑下去。

——蒂娜·菲

越来越自信

几年前，史蒂文·斯皮尔伯格、马克·伯内特和大卫·戈芬制作了一个电影制片人电视真人秀节目。这档名为《我要做导演》的节目每周都有淘汰赛，参赛者通过竞争来赢得梦工厂价值百万美元的发片合同。

31岁的参赛选手安德鲁·亨特向好莱坞知名导演组成的评审团推销自己的作品："剧情梗概是这样的：一名牧师在受戒之前找到了自己的梦中情人……"亨特打开了话匣子。在接下来的90秒里，这位戴着无檐帽和眼镜的选手，讲述了查理·波茨的故事。"波茨是一个有望成为下一任大主教的牧师。他与为他在南美洲的任务运送物资的女飞行员亚历克斯开始交往。她狂野、疯狂，和他是两个世界的人。她会教他做一些他从未做过的事情，比如跳舞、喝几杯龙舌兰酒。

"波茨渐渐爱上了亚历克斯。这时，一场洪水席卷了他们居住的村庄。在拼尽全力把村民转移到地势更高的地方后，两人走散了。第二天，雨停了，波茨拼命地寻找亚历克斯，后来终于找到了。

"波茨在屋顶上发现了亚历克斯。她也许是昏过去了，也许是不幸丧了命。他抬起头向上帝祈祷：'我从来没有向您提过任何要求，但我现在想求您一件事。'"亨特停顿了一下，让气氛变得紧张起来，"最后，亚历克斯吐了几口水。她还活着。"在设定下一个场景之前，他又停顿了一下。

"此刻我们在波士顿的一个大教堂里。"还没说完"大"字，亨特就展开双臂，"我们看到波茨站在那里，似乎在准备接受大主教的任命。但随着镜头的推移，我们才发现这是一场婚礼。我们都没猜对。"

"你能给我宣传一下我的工作室吗？"一位评审随即问道。另一位评审说："我们把钱投给他吧。他的作品太出彩了，逼着我掏钱。"

还有一位评审接着说："你很自信，正是这份自信让你越来越相信自己。"就在亨特转身要出门时，资历最深的评审小声说了句："安德鲁·亨特，非常优秀……"

按部就班地建立自信，才能让别人对你充满信心。

结语

打动百万听众

请想象这样一幅场景：在你的下一次演讲后，人们低声念叨着你的名字，因为他们对你印象深刻。这种事情发生在你身上的概率比你想象的要高得多。有很多平庸的演讲者，不需要付出太多的努力就能脱颖而出。你要做的就是用不同的方式做一些事情，并且做得更好。只要你这样做了，就会改变你的职业轨迹和你的影响力。许多人获得了不可思议的成功，而演讲就是他们的核心技能。

奥巴马就是这样的代表，他在民主党全国代表大会上的演讲打动了全场，并由此当上了一个国家的领导者。他在这种势头的基础上继续前进，通过演讲和执政，打动了数百万甚至数十亿人。

布琳·布朗也是如此。她登上美国休斯敦的舞台，打动了全场。她利用这种势头一路高歌猛进，通过写作、演讲和策划节目打动了数百万人，成绩斐然。10年后，猜猜她请了谁来做她领导力播客的嘉宾？是美国第44任总统奥巴马。这可不是其他从事社会性工作的教授能得到的机会，而这个机会是她自己争取到的。在他们的谈话中，奥巴马甚至提到了自己职业生涯的转折点："我能在全国舞台上崭露头角，得益于2004年在波士顿大会上的演讲。"

还有林-曼努尔·米兰达，他说服第一批投资人向音乐剧《汉密尔顿》投资了1250万美元——这可不是一件容易的事。在他大获成功后，奥巴马夫妇在托尼奖颁奖典礼上介绍了米兰达。他们说，几年前米兰达到白宫表演时他们就见过面。彼时，米兰达告诉奥巴马夫妇他打算在一部音乐剧中通过说唱来教人们学习历史[1]，他们觉得很可笑。在托尼奖颁奖典礼上，奥巴马夫妇承认，他们当时的反应更可笑。

米兰达以剧中人物汉密尔顿的身份充满激情地唱完了那首激动人心的歌曲《我的良机》。他穿着马甲和高筒皮靴大步向前走着，燕尾服的后摆在他身后飘动。他走到台下靠近听众的地方，稳住了脚步，唱完了最后一句歌词——"不会放弃任何机会"。唱出"机会"2个字的最后一个节拍时，他举起手臂，指向空中。

米兰达打动了数百万听众。《汉密尔顿》创造了超过10亿美元的收入。可以肯定地说，米兰达成功了。你也能做到——站稳脚跟，是时候迈出你的第一步了。

---

1 音乐剧《汉密尔顿》根据美国第一任财政部部长、美国开国元勋之一亚历山大·汉密尔顿本人的经历改编，严格遵照史实，讲述了汉密尔顿政治生涯中的几件大事。剧中音乐以说唱为主，故而米兰达告诉奥巴马夫妇他打算在一部音乐剧中通过说唱来教人们学习历史。——编者注

致谢

只靠一己之力无法获得成功。只有在别人的帮助下，
你才能达到你的目标。

——乔治·西恩（原新奥尔良黄蜂队前老板）

2020年3月，新型冠状病毒开始在全球肆虐，我的日程表很快就空了，因为客户们争相将业务转移到网上，以支撑企业渡过难关。3月春假后不久，我和密友杰夫·戴维斯聊了聊，他说："你现在该去写你的书了。"他说得没错，可我没有信心。

我身上缺点不少，其中一个就是我经常无法完成需要几个月才能完成的项目。我被其他可能更快释放多巴胺的机会分散了注意力。因此，我出书的可能性很小。如果不是Page Two的周密安排和优秀团队的支持，出书仍然只是我做了几十年的梦和一行足足有57个字母的标题。

我非常感谢Page Two的联合创始人杰西·芬克尔斯坦，她积极推进出书的整个过程，并为我提供了睿智的建议。编辑斯科特·斯蒂德曼也不断给我指引正确的方向，让我建立了信心。细节也很重要，詹妮·戈维尔对细节的关注值得赞许，她的编辑工作为这本书增色不少。罗尼·加农娴熟的项目管理能力帮助我在对的时间专注做对的事

情。皮特·科金、泰西娅·路易和菲奥纳·李贡献了一系列令人惊叹的创意封面设计，我对我们的作品感到非常满意。

玛德琳·科恩在多伦多大学的图书馆里把书架翻了个底朝天，找到并总结的研究结果比我一整年能读到的还要多——如果我能找到。

在过去的1年里，我记不清和约翰·沃瑞劳一起晨跑了多少次，并从他身上汲取作为一名作家的智慧。在我们跑步的过程中，我让他慢下来，而他让我加快写作速度。仅他的一个建议，就帮我把写这本书的时间缩短了一半。

我很感谢我的客户们。他们几十年如一日地信任我，允许我完善自己的指导方法。我很感激他们愿意分享自己的经历，把我在书中的想法生动地呈现出来。

我的高中英语老师莫罗先生曾告诉我，我有希望通过完善自己成为一名作家。我还在为此努力。斯莫尔布里奇教授告诉我写作可以很有趣，我也还在努力。

我的父母告诉我，只要我们努力去做，什么事情都是有可能发生的。他们树立的榜样就是给我和妹妹的礼物。

我的妻子梁善文每天都让我明白，打动全场最有力的方式就是爱，谢谢你对我的爱。

关于作者

高杰里，原名特雷弗·柯里，毕业于加拿大韦仕敦大学毅伟商学院，是Podium咨询公司的创始人。他曾与很多公司的首席执行官、董事会主席和商界领袖合作，帮助他们成为出色的沟通者，发表声誉卓著的演讲，进行成功的推介。

目前，高杰里和妻子梁善文以及他们的2个孩子住在加拿大多伦多。